공부의 힘을 길러주는
초등 신문 독해 ❷

공부의 힘을 길러주는 초등 신문 독해 2

어린이가 꼭 알아야 할 신문 기사 30편

글 정형권·김정원

성림주니어북

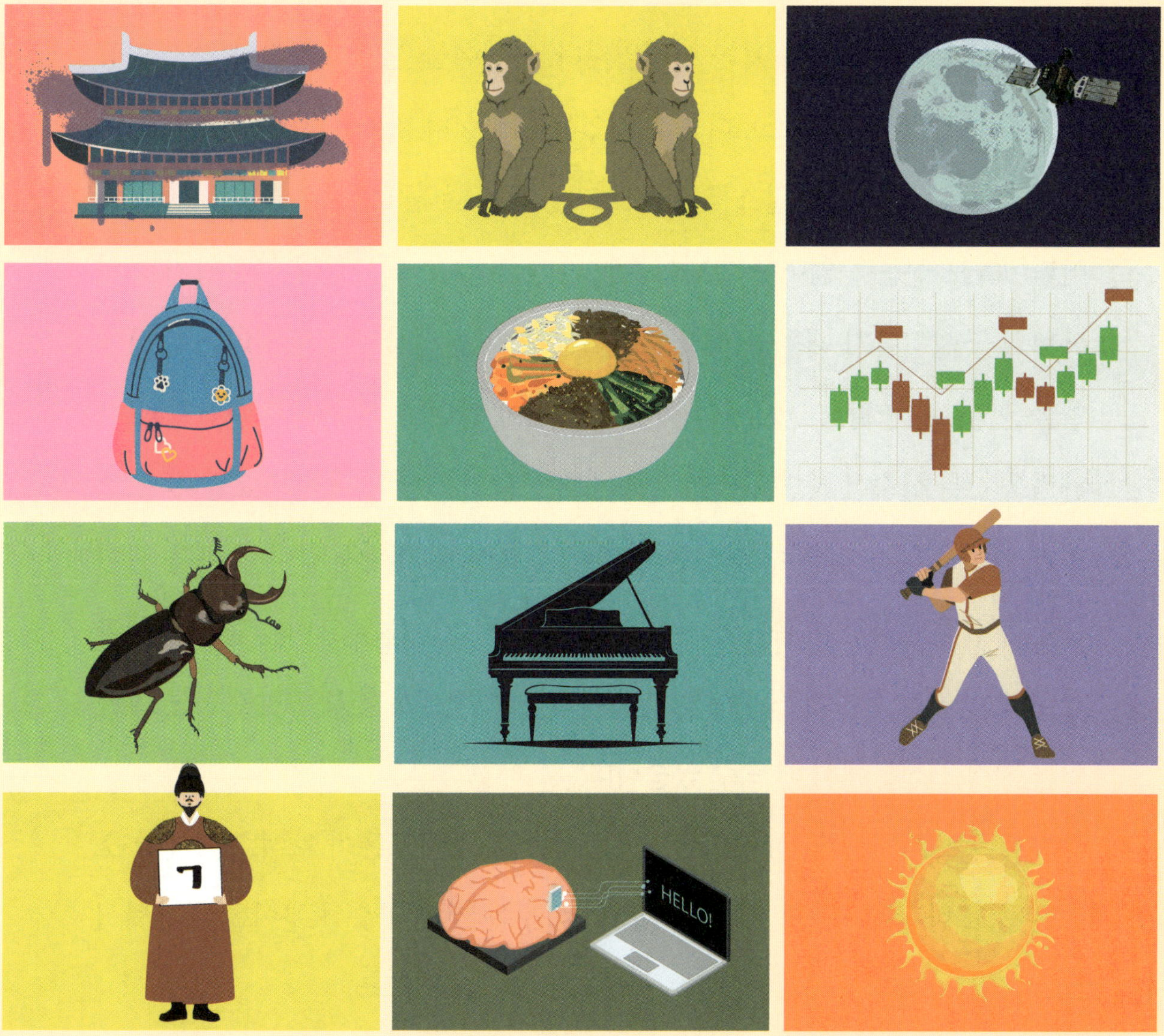

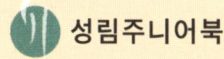

"신문을 읽는다는 것"

'에이, 요새 누가 신문을 봐.'

어른들도 종이신문보다는 스마트폰으로 인터넷 포털 창에 뜨는 기사를 읽거나 유튜브로 뉴스 영상을 보는 시대입니다. 어린이들은 신문 기사나 뉴스 영상을 얼마나 접할까요? 뉴스보다는 재미있는 영상이나 짧은 시간에 소소한 재미를 느낄 수 있는 쇼츠나 릴스를 많이 보고 있지는 않나요?

어린이들도 신문을 읽어야 합니다. 어린이 여러분도 어른들과 마찬가지로 이 사회의 구성원이기 때문입니다. 자신이 살아가는 세상에서 일어나는 다양한 일들을 알고, 이해하고, 자신의 의견을 가져야 합니다. 어린이가 판단력과 비판력을 갖춘 성숙한 시민으로 성장하는 데 신문의 역할은 매우 중요합니다.

또한 신문을 읽는 것은 책을 읽는 것만큼 중요한 읽기 활동입니다. 책을 읽어 문학적 소양과 다양한 분야의 지식을 쌓는 한편 신문을 읽고 세상을 이해해야 합니다. 우리가 살아가는 무대는 세상이니까요. 책에서 전해주지 못하는 살아 있는 지식을 신문에서 배울 수 있습니다.

스마트폰으로 뉴스를 접하는 것도 방법이지만, 스마트폰이 보여주는 세상 소식은 좁고 한정적입니다. 자신이 평소 찾아보는 것과 비슷한 분야를 추천해서

띄워주기 때문이지요. 우리는 다양한 분야를 종합해서 볼 수 있는 눈이 필요합니다. 그래서 이 책을 기획하게 되었습니다.

이 책에는 주로 2024년 한 해 동안 일간지에 실린 기사 중에서 유용한 기사들을 선별해 실었습니다. 하루에 하나씩, 일주일 동안 다양한 분야의 기사를 골고루 접할 수 있도록 다섯 개씩 묶어 구성했습니다. 기사를 그냥 읽고 마는 것이 아니라 자신이 제대로 읽은 것인지 확인하면서 독해력을 키울 수 있도록 기사마다 '깊이 읽기' 문제를 배치했습니다. 또 일주일에 한 번씩은 자신이 직접 기사문을 작성해 보도록 글쓰기 코너를 마련했습니다.

'아는 만큼 보인다'는 말이 있지요? 내가 살고 있는 이 세계가 어떻게 돌아가는지 더 자세히 알게 되면 수업 시간에 배우는 내용이 현실감 있게 다가오고, 재미와 흥미를 느낄 수 있어요. 책에 소개된 기사를 꾸준히 읽다 보면 독해력, 문해력이 좋아지게 됩니다. 책을 읽거나 다른 사람의 이야기를 들을 때 글이나 말의 맥락을 이해해 그 내용을 더 잘 알 수 있게 돼요.

이 책 속의 기사를 하루 한 꼭지씩 읽어보세요. 평소 관심이 없는 분야를 다룬 기사나 조금 어렵게 느껴지는 기사는 소리를 내어 반복해서 읽어보세요. 문제도 풀고 글쓰기 연습도 하라니 귀찮을 거예요. 하지만 영양가 있는 음식을 먹는다는 생각으로 매일 조금씩 읽고 쓰다 보면 몸이 점점 자라고 건강해지는 것처럼 어느새 읽기, 쓰기 실력이 좋아져 있을 거예요.

이 책을 통해 여러분의 세상을 보는 안목과 독해력, 글 쓰는 힘을 키우고, 신문과 더욱 가까워지기를 기원합니다.

이 책은 이렇게 활용해 보세요

- 매일 한 꼭지씩 새로운 기사를 읽어보세요. 날마다 다양한 분야를 골고루 접하면서 세상을 보는 눈을 키울 수 있습니다.

- 기사와 '시사 상식'을 정독한 뒤 '깊이 읽기' 문제를 풀어보며 독해 연습을 해 보세요. 기사 내용을 정리하는 동시에 자신이 놓친 내용을 파악하며 독해력을 키울 수 있습니다.

- '생각해 보기'의 질문을 읽어보고 스스로 답해보세요. 기사 내용을 이해하는 것에서 끝내는 것이 아니라 자신의 경험이나 생각과 연관 지어 보면서 기사 내용을 온전히 자기 것으로 만들 수 있어요. 친구나 가족에게 기사 내용을 소개한 뒤 함께 토론해 보면 비판적 사고력을 키우는 데 더욱 좋습니다.

- 다섯 꼭지를 읽은 뒤에는 '종합독해력 문제'를 풀어보세요. 어휘력과 문해력을 기를 수 있습니다.

- '글쓰기 연습'을 통해 다양한 기사문을 써 보세요. 기사문의 조건과 형식을 익힌 뒤 각각 다른 주제로 글쓰기 연습을 해 보세요. 생활문, 독서감상문, 기행문, 설명문 등을 기사문 형식으로 써 볼 수 있도록 구성했습니다. 기사문의 형식을 따르는 것이 중요하지만 육하원칙에 너무 얽매이지 말고, 읽는 사람이 이해하기 쉽게 쓰는 것을 목표로 해 보세요.

차례

서문 "신문을 읽는다는 것"

7주 Week7

31	사회	관광세를 내라고요?	12
32	사회	역사상 가장 더운 여름	16
33	경제	가장 싸고 질 좋은 듀프 제품을 찾는 Z세대	20
34	과학	뇌와 컴퓨터를 연결하는 칩	24
35	문화	짜릿한 반전 드라마를 쓴 대한민국 선수단	28

종합 독해력 문제 7 ... 32
글쓰기 7: 읽은 책을 소개하는 기사문 쓰기 ... 34

8주 Week8

36	환경	영국의 마지막 석탄화력발전소 가동 중단	38
37	과학	뇌에 가장 많이 쌓이는 미세 플라스틱	42
38	국제	일본 야구장에 울려 퍼진 한국어 교가	46
39	사회	지하주차장에서 전기자동차 화재	50
40	국제	결혼 후에도 원래 내 성을 쓰고 싶어요	54

종합 독해력 문제 8 ... 58
글쓰기 8: 설문조사 내용으로 기사문 쓰기 ... 60

9주 Week9

41	국제	삐삐와 무전기가 무기로 사용되다니	64
42	과학	9월 7일은 곤충의 날	68
43	사회	명절이면 더 심해지는 층간소음	72
44	국제	4,500만 원 줄 테니 당신의 나라로 돌아가세요	76
45	사회	촉법소년에게 강력한 처벌을?	80

종합 독해력 문제 9 ... 84
글쓰기 9: 장소를 소개하는 기사문 쓰기 ... 86

10주 Week10

- 46 문화　괜찮아?! 한글　90
- 47 과학　고흐가 그린 물리 법칙　94
- 48 환경　화려한 불꽃축제, 동물들도 좋아할까요?　98
- 49 문화　그라모폰 2관왕에 오른 피아니스트 임윤찬　102
- 50 국제　멕시코 최초의 여자 대통령 취임　106

종합 독해력 문제 10　110
글쓰기 10: 물건 사용법을 설명하는 기사문 쓰기　112

11주 Week11

- 51 사회　초연결 사회의 함정　116
- 52 사회　전동 킥보드 탈 때 헬멧 꼭 쓰세요　120
- 53 과학　로켓을 잡아 세운 젓가락 팔　124
- 54 사회　맹견 키우려면 허가 받으세요　128
- 55 문화　한강, 2024 노벨문학상 수상　132

종합 독해력 문제 11　136
글쓰기 11: 행사 소식을 알리는 기사문 쓰기　138

12주 Week12

- 56 과학　노벨상도 인정한 인공지능 연구 성과　142
- 57 사회　미국에서 바라본 한국의 반려견 사랑　146
- 58 사회　운전은 네가 해, 나는 영화 볼 테니　150
- 59 환경　물 부족으로 식량 위기가 올 수 있어요　154
- 60 과학　아이언맨 슈트 같은 웨어러블 로봇　158

종합 독해력 문제 12　162
글쓰기 12: 기사문 읽고 기사문 쓰기　164

정답　166

Week 7

- **31 사회** | 관광세를 내라고요?
- **32 사회** | 역사상 가장 더운 여름
- **33 경제** | 가장 싸고 질 좋은 듀프 제품을 찾는 Z세대
- **34 과학** | 뇌와 컴퓨터를 연결하는 칩
- **35 문화** | 짜릿한 반전 드라마를 쓴 대한민국 선수단

관광세를 내라고요?

2024년 5월

해외여행[사진=픽사베이]

올해 휴가철을 앞두고 세계인들이 많이 여행 가는 나라들이 관광세를 도입하거나 인상하기로 했어요. 관광객이 너무 많이 찾아와 과잉 관광(오버투어리즘) 피해를 입기 때문이라고 해요. 지역주민들은 코로나19 이전부터 관광객들로 인한 교통체증, 소음공해, 환경오염 등에 시달렸는데, 코로나19가 끝나고 다시 여행이 활기를 띠자 당국이 대책 마련에 나선 거예요.

대표적으로 관광세를 도입한 곳은 유럽이에요. 스페인의 바르셀로나는 2012년부터 숙박비에 관광세를 부과하고 있어요. 올해는 1인당 1박에 3.25유로(약 4,783원)를 받기로 했어요. 이탈리아의 베네치아는 올해부터 도시 입장료를 받기로 했어요. 관광객이 몰리는 날을 골라서 1인당 5유로(약 7,500원)의 도시 입장료를 받는다고 해요. 올해 올림픽이 열리는 프랑스에서는 관광세를 지난해보다 2배 올리기로 했어요.

유럽 외에도 관광세가 도입되는 곳이 늘어나고 있어요. 부탄은 환경 보호를 위해 1991년부터 세계 최초로 관광세를 도입했어요. 인도네시아의 발리는 지난 2월부터 발리로 들어오는 관광객들에게 관광세를 받아요. 입국할 때 공항에서, 또는 미리 온라인을 통해 15만 루피아(약 1만 3,000원)를 내도록 한 거예요. 일본도 도쿄, 오사카, 교토, 가나자와 등에서 숙박료에 관광세를 붙여요. 하와이는 호텔 체크인할 때 숙박료의 10.25%를 숙박세로 부과하고 있어요. 그런데 올해부터는 해외 관광객을 대상으로 25달러(약 3만 4,000원)의 관광세를 부과하려고 검토 중이에요.

어휘풀이
- **관광세** 관광객에게 내게 하는 세금
- **도입** 기술, 방법, 물자 따위를 끌어들임
- **인상** 물건값, 급여, 요금 따위를 종전보다 올림
- **활기** 활발한 기운
- **당국** 사무나 행정상의 임무, 책임 따위를 담당하여 주재하는 관계 기관
- **부과** 세금이나 부담금 따위를 매기어 물게 함

생각해보기

- 내가 여행 간 곳에 관광객이 너무 많아서 불편했던 경험이 있나요?

- 관광세 말고 과잉 관광의 피해를 줄일 수 있는 방법에는 어떤 것이 있을까요?

시사상식

과잉 관광

오버투어리즘(overtourism). 지나치게 많다는 뜻의 'over'와 관광을 뜻하는 'tourism'이 더해진 말이에요. 관광객이 너무 많이 몰려들어 여행지를 점령하는 바람에 원래 그곳에 사는 사람들의 삶을 침범하는 현상이에요. 주민들은 교통체증이나 주차 공간 부족은 물론, 오르는 물가나 소음의 피해를 입어요. 쓰레기를 아무 데나 버리거나 사유지에 함부로 들어가는 관광객들도 있어요. 소중히 보호해야 할 문화유산이나 자연경관을 해치는 관광객들도 골칫거리예요.

깊이 읽기 신문 기사 속에서 다음 질문의 답을 찾아보세요.

1. 다음 ☐ 안에 알맞은 말을 쓰세요.

① 관광객들이 많이 찾는 나라들이 ☐☐☐를 도입하거나 인상하기로 했어요..

② ☐☐은 환경 보호를 위해 1991년 세계 최초로 관광세를 도입했어요.

2. 맞는 내용에는 O표, 틀린 내용에는 X표 하세요.

① 인기 관광지의 주민들은 코로나19 이전에는 관광객들에게 시달리지 않았어요. (　)

② 프랑스는 올해 관광세를 인상하지 않기로 했어요. (　)

③ 일본은 여러 도시에서 숙박료에 관광세를 붙이고 있어요. (　)

3. 과잉 관광의 피해가 아닌 것은 무엇인가요?

① 교통체증　② 소음공해　③ 환경오염　④ 코로나19

4. 관광세를 부과하는 나라로 기사에 나오지 않은 나라를 고르세요.

① 스페인　② 필리핀　③ 인도네시아　④ 이탈리아

5. ☐ 안에 알맞은 말을 넣어 기사 내용을 간추려 보세요.

세계 여러 나라에서 ☐☐☐☐ 문제로 관광세를 도입하거나 인상하기로 했어요. 스페인, 이탈리아, ☐☐☐ 같은 유럽은 물론 부탄, 인도네시아, ☐☐ 같은 나라들도 관광세를 도입하거나 인상하려고 검토하고 있어요.

역사상 가장 더운 여름

2024년 7월

높은 여름 기온 [사진=픽사베이]

올해 7월 22일 전 세계인들은 역사상 가장 더운 날을 보냈어요.

유럽연합(EU)의 기후 감시 기구 '코페르니쿠스 기후 변화 서비스'(C3S)에 따르면 지난 22일 전 세계 지표면 평균 기온이 섭씨 17.15도로 역사상 가장 더운 날이었다고 해요. C3S가 1940년 기후 관측을 시작한 이래 가장 높은 기온이었어요.

C3S의 카를로 부온템포 국장은 올해가 관측 사상 가장 더운 해로 기록될 것이라고 말했어요. 서맨사 버제스 C3S 부국장은 '시급히 온실가스 배출을 줄이지 않으면 극단적인 날씨는 더 극심해질 것'이라고 경고했어요.

올여름 지구 북반구 곳곳에서는 폭염과 폭우 등 이상 기후 현상이 자주 나타났어요. 6월 사우디아라비아에서는 이슬람 성지 순례 기간에 폭염으로 1,300명이 넘게 숨지는 일이 있었어요. 당시 현지 기온은 섭씨 50도가 넘었어요. 또 이탈리아와 그리스 같은 나라는 폭염에 관광객들이 탈진하거나 숨지는 일이 생기자 관광지를 급히 폐쇄했어요. 미국 캘리포니아주에서는 폭염 속에 북부 산악 지대를 중심으로 산불이 한 달 넘게 계속됐어요. 아시아와 아프리카 여러 나라에서는 폭염에 많은 학교가 문을 닫아서 8천만 명 넘는 어린이들이 학교에 가지 못했어요.

안토니우 구테흐스 유엔 사무총장은 올여름 기록적인 이상 고온 현상으로 세계 곳곳에서 많은 사람들이 고통받고 있다고 말했어요. 그는 세계 각국이 기후 변화 취약층˙을 보호하고 기후 변화 대응을 위한 행동에 나서야 한다고 촉구˙했어요.

어휘풀이
- **역사상** 역사에 나타나 있는 사실의 바탕
- **기구** 많은 사람이 모여 어떤 목적을 위하여 구성한 조직이나 기관의 구성 체계
- **극단적인** 상태나 상황이 극도에 이르러 더 나아갈 수 없는
- **폭염** 매우 심한 더위
- **취약층** 노인, 어린이, 장애인 등 다른 계층에 비해 약하여 사회적으로 보호가 필요한 계층.
- **촉구** 급하게 재촉하여 요구함

생각해보기

· 지구가 점점 더워지고 있다고 느끼나요? 어떨 때 그렇게 느끼나요?

· 기후 변화 시대에 우리가 할 수 있는 일에는 어떤 것이 있을까요?

시사상식

온실가스(溫室gas)

지구의 대기 속에 있으면서 땅에서 복사되는 에너지를 일부 흡수해 온실 효과를 일으키는 기체를 말해요. 이산화탄소, 메탄, 프레온 등이 있어요. 온실가스가 없다면 지구의 평균 기온이 영하 18도로 떨어져 우리가 살기에는 너무 추워질 거예요. 그러나 지금은 온실가스의 양이 너무 많이 늘어나 지구의 기온이 너무 높이 올라가는 지구온난화 현상이 지속되고 있어요.

깊이읽기 신문 기사 속에서 다음 질문의 답을 찾아보세요.

1. 다음 ☐ 안에 알맞은 말을 쓰세요.

① 2024년 7월 22일은 역사상 가장 ☐☐ 날이었어요.

② 올여름 지구 곳곳에서는 폭염과 폭우 등 이상 ☐☐ 현상이 자주 나타났어요.

2. 맞는 내용에는 O표, 틀린 내용에는 X표 하세요.

① '코페르니쿠스 기후 변화 서비스'는 1940년에 기후 관측을 시작했어요. (   )

② 이탈리아와 그리스에서는 산불이 한 달 넘게 계속됐어요. (   )

③ 아시아와 아프리카의 많은 학교가 문을 닫은 것은 폭염 때문이었어요. (   )

3. 이상 기후 현상이 나타났다고 기사에 나오지 않은 나라를 고르세요.

① 인도   ② 사우디아라비아   ③ 이탈리아   ④ 미국

4. 기후변화 취약층을 보호해야 한다고 촉구한 사람은 누구인가요?

① 카를로 부온템포   ② 서맨사 버제스

③ 안토니우 구테흐스   ④ 조 바이든

5. ☐ 안에 알맞은 말을 넣어 기사 내용을 간추려 보세요.

올해 7월 22일은 기후 ☐☐을 시작한 이래 지구가 가장 더운 날이었어요. 올여름은 가장 더울 뿐 아니라 ☐☐과 폭우 등 이상 기후 현상이 자주 나타났어요. 그래서 여러 전문가는 ☐☐☐☐ 배출을 줄이고 기후 변화 ☐☐☐을 보호하기 위해 행동에 나서야 한다고 촉구했어요.

가장 싸고 질 좋은 듀프 제품을 찾는 Z세대

2024년 10월

소비 [사진=픽사베이]

최근 중국 미국 등 주요국 Z세대* 사이에서 명품 대신 저렴한 대체품을 찾는 문화가 확산하고 있어요. 미국 CNN과 월스트리트저널 등의 보도에 따르면 세계 최대 명품 시장인 중국에서 저렴한 제품을 찾는 '듀프' 소비가 두드러지고 있어요.

듀프는 복제품을 뜻하는 영어 단어 '듀플리케이션(duplication)'을 줄인 말이에요. 듀프 제품은 비싼 브랜드 제품의 복제품*으로 가격은 저렴하지만 품질은 고급 브랜드에 뒤지지 않는 대체품이에요. 명품 로고*를 가짜로 새겨 상표권*을 침해하는 위조품과는 달라요.

중국의 시장 조사 기관인 민텔에 따르면 세계 핵심 명품 소비자였던 중국인들이 유명 브랜드를 찾던 10년 전과 달리 요즘 소비자들은 점점 더 대안으로 눈을 돌리고 있으며 이러한 트렌드가 새로운 주류가 되고 있어요.

중국의 경기 침체*가 길어지자 급여*가 크게 깎인 중국의 젊은이들은 루이뷔통이나 샤넬, 프라다 등 명품 브랜드 대신 '핑티(平替, 가성비 대체품)'라 불리는 듀프 소비로 바꾸고 있어요.

고물가로 어려움을 겪는 청년층을 중심으로 유행하는 듀프 소비는 미국 Z세대에서도 나타나고 있어요. 시장조사업체 모닝컨설트가 작년 10월 미국 성인 2200명을 대상으로 조사한 결과 Z세대의 약 49%가 듀프 제품을 구매했다고 답했어요.

값비싼 명품을 복제하는 문화는 오래전부터 있어왔지만 최근의 듀프 소비는 이전과는 다른 특징이 있어요. Z세대가 복제품을 샀다는 사실을 부끄러워하는 것이 아니라 오히려 그 사실을 자랑스럽게 공개한다는 거예요. 소셜미디어에 화장법이나 레시피를 공유하는 것처럼 복제품 구입 정보를 공유하는 것을 즐기는 거지요. 그들은 자신이 보다 더 저렴한 가격의 제품을 찾아 얼마나 많은 돈을 절약했는지 다른 사람들에게 알리고, 그런 제품을 찾는 다른 사람들에게도 도움을 주고 싶어 한다고 해요.

어휘풀이
- **Z세대** 일반적으로 1990년대 중반부터 2000년대에 출생한 사람들
- **복제품** 원래의 것을 그대로 본떠서 만든 물품   · **로고** 단체나 기업, 제품 따위를 표상하기 위한 문자 도형
- **상표권** 어떤 상표를 독점적으로 사용할 수 있는 권리 · **침체** 사물이나 현상이 발전하지 못하고 제자리에 머묾
- **급여** 관공서나 회사 따위에서, 근무자에게 일의 대가로 주는 급료나 수당

생각해보기

· 사람들이 명품 또는 브랜드 제품을 소비하는 이유는 무엇일까요?

· 고급 브랜드 제품의 복제품인 듀프 제품에 대해 어떻게 생각하나요?

시사상식

명품

오랫동안 사람들 사이에서 사용되며 상품적 가치와 브랜드 가치를 인정받은 고급품을 말해요. 명품 기업들은 고급화 전략을 쓰기 때문에 제품 가격이 상당히 높아요. 예전에는 사치품이라고 불렀으나 요즘은 명품, 해외 유명 브랜드, 럭셔리 브랜드 등으로 부르고 있어요. 가방, 의류, 신발 등의 패션 제품부터 화장품, 자동차, 전자기기 등 다양한 종류의 명품들이 있어요.

깊이 읽기 신문 기사 속에서 다음 질문의 답을 찾아보세요.

1. 다음 ☐ 안에 알맞은 말을 쓰세요.

① 최근 주요국 ☐세대 사이에서 명품 대신 대체품을 찾는 문화가 확산하고 있어요.

② 위조품은 명품 로고를 가짜로 새겨 ☐☐☐을 침해하는 상품이에요.

2. 맞는 내용에는 O표, 틀린 내용에는 X표 하세요.

① 대체품 소비가 두드러지는 것은 중국, 미국과 같은 나라예요. (　)

② 중국의 젊은이들이 대체품을 찾는 것은 경기 침체가 길어져 급여가 깎였기 때문이에요. (　)

③ Z세대는 이런 대체품 사는 것을 몹시 부끄러워해요. (　)

3. 비싼 브랜드 제품의 복제품으로 가격은 저렴하지만 품질은 좋은 제품을 무엇이라고 하나요?

① 듀프　② 듀폰　③ 블랙 프라이데이　④ 바겐세일

4. 기사 속에 나오는 명품 브랜드가 아닌 것은 무엇인가요?

① 루이뷔통　② 핑티　③ 샤넬　④ 프라다

5. ☐ 안에 알맞은 말을 넣어 기사 내용을 간추려 보세요.

최근 중국 미국 등의 Z세대 사이에서 ☐☐ 대신 저렴한 복제품 듀프를 찾는 문화가 확산하고 있어요. 고물가로 어려움을 겪는 청년들이 품질이 좋고 ☐☐도 저렴한 듀프 제품을 찾아 쇼핑을 하는데, 그들은 그것을 자랑스럽게 여겨 ☐☐☐☐☐에 제품 정보를 공유하기도 해요.

뇌와 컴퓨터를 연결하는 칩

2024년 8월

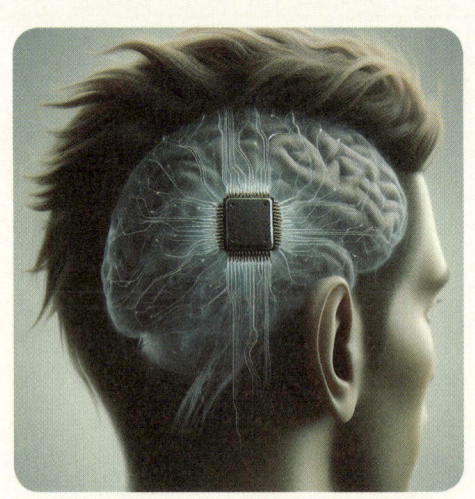

뇌에 칩 이식 [사진=픽사베이]

일론 머스크*의 뇌신경과학* 스타트업 뉴럴링크가 환자의 뇌에 칩을 이식하는 데 두 번째로 성공했다고 밝혔어요. 뉴럴링크가 개발한 이 칩의 이름은 '텔레파시*'(Telepathy)'예요.

4일(현지 시각) 로이터통신 등에 따르면 일론 머스크는 지난 2일 방송된 한 팟캐스트*에서 척추 손상을 입은 환자에게 뉴럴링크가 개발한 뇌-컴퓨터 인터페이스(BCI·Brain-Computer Interface) 칩을 이식하는 데 성공했다고 말했어요. 환자가 어떤 사람인지, 언제 수술이 이뤄졌는지는 밝히지 않았어요.

일론 머스크는 팟캐스트에서 척추 손상을 입은 두 번째 환자의 뇌에 이식된 BCI 칩 전극* 중 400개가 작동하고 있으며 이식이 매우 잘 된 것 같다고 했어요. 뉴럴링크가 개발한 BCI 칩은 1,024개의 전극을 사용할 수 있다고 해요.

뉴럴링크는 지난 1월 29일 첫 번째 환자에게 칩을 이식하는 데 성공했어요. 그는 다이빙을 하다가 다쳐 사지마비*가 된 놀란드 아르보 씨였어요. 아르보 씨는 이번 팟캐스트에 일론 머스크와 함께 출연해 수술 과정과 칩이 어떻게 작동하는지 자세히 설명했어요.

아르보 씨는 'BCI 칩 이식 수술을 받기 전에는 입에 막대기를 물고 태블릿 기기 화면을 두드리며 사용해야 했지만, 이제는 생각만으로 태블릿을 사용할 수 있다'며 그 때문에 간병인에 대한 의존도가 크게 줄었다고 했어요.

일론 머스크와 뉴럴링크는 인간의 뇌에 컴퓨터 칩을 이식해 뇌가 컴퓨터와 직접 소통할 수 있도록 해 시각을 잃었거나 근육을 움직이지 못하는 사람들에게 그것을 가능하게 하는 것을 목표로 하고 있어요.

어휘풀이
- **일론 머스크** 전기자동차 기업 테슬라의 최고경영자, 민간 우주 기업 스페이스X 창립자
- **뇌신경과학** 몸속의 상태와 외부 자극의 변화에 순응하고 행동하는 신경 조직을 연구하는 학문
- **텔레파시** 어떤 사람의 마음이나 생각이 언어나 동작 따위를 통하지 않고 멀리 있는 다른 사람에게 전해지는 심령 현상
- **팟캐스트** 시청 또는 청취를 원하는 사용자들이 원하는 프로그램을 선택하여 자동으로 구독할 수 있도록 하는 인터넷 방송
- **전극** 전기장을 만들거나 전류를 흐르게 하기 위해 설치한 물체
- **사지마비** 모든 팔다리가 마비되는 증상

생각해보기

· 인간의 뇌에 칩을 이식해 컴퓨터와 소통하게 하는 기술에 대해 어떻게 생각하나요?

· 과학이나 의학 기술 발달이 꼭 필요하다고 생각하는 분야는 어떤 것인가요?

시사상식

스타트업(Startup)

설립한 지 얼마 안 된 신생 기업을 뜻하는 말로 미국 실리콘밸리에서 처음 사용되었어요. 혁신적인 기술과 아이디어로 이전에 없던 새로운 제품이나 서비스를 추구해요. 우리나라의 배달 서비스 플랫폼 '배달의민족'이나 간편 송금 서비스 앱 '토스' 같은 기업들은 스타트업으로 시작해 크게 성공한 사례에요.

깊이 읽기 신문 기사 속에서 다음 질문의 답을 찾아보세요.

1. 다음 ☐ 안에 알맞은 말을 쓰세요.

   ① 뉴럴링크가 두 번째 환자의 ☐에 칩을 이식하는 데 성공했다고 밝혔어요.

   ② 이번에 칩을 이식받은 환자는 ☐☐ 손상을 입은 환자라고 해요.

2. 맞는 내용에는 O표, 틀린 내용에는 X표 하세요.

   ① 일론 머스크는 수술 성공 소식을 SNS에 공개했어요. (   )

   ② 1월에 수술받은 첫 번째 환자는 칩 이식에 실패했어요. (   )

   ③ 뉴럴링크는 인간의 뇌에 칩을 이식해 뇌가 컴퓨터와 직접 소통할 수 있도록 하려고 해요. (   )

3. 이번 수술로 인간의 뇌에 이식된 칩의 이름은 무엇인가요?

   ① 뉴럴링크   ② 텔레파시   ③ 팟캐스트   ④ 놀란드 아르보

4. 뉴럴링크가 개발한 BCI 칩은 몇 개의 전극을 사용할 수 있다고 했나요?

① 24개　② 124개　③ 1,024개　④ 10,024개

5. ☐ 안에 알맞은 말을 넣어 기사 내용을 간추려 보세요.

뉴럴링크가 ☐☐ 손상 환자의 뇌에 칩을 이식하는 데 성공했다고 밝혔어요. 뉴럴링크가 개발한 BCI 칩을 환자의 뇌에 이식한 것은 이번이 두 번째예요. 이 칩은 뇌가 ☐☐☐와 직접 소통하도록 해 시각을 잃었거나 ☐☐을 움직이지 못하는 사람들에게 그것을 가능하게 하는 것이 목표라고 해요.

짜릿한 반전 드라마를 쓴 대한민국 선수단

2024년 8월

파리올림픽 이미지 [사진=픽사베이]

　7월 27일 개회식을 시작으로 17일간 진행된 2024 파리 하계 올림픽이 8월 12일 폐회식을 끝으로 막을 내렸어요. 이번 올림픽에서 역대 최약체로 평가받았던 우리 대한민국 선수단은 짜릿한 반전 드라마를 썼어요.

　이번 올림픽에서 한국 선수단은 금메달 13개, 은메달 9개, 동메달 10개를 획득해 종합 8위를 거두었어요. 금메달 13개를 딴 것은 2008년 베이징 올림픽, 2012년 런던 올림픽 때와 같은 최다 금메달 기록이에요.

　우리나라는 모두 합쳐 32개의 메달을 땄는데 이 성적은 1988년 서울 올림픽 때 달성한 역대 최대 메달 수 33개에서 하나 모자라는 우수한 성과였어요. 또한 우리나라 선수단이 하계 올림픽 전체 메달 순위에서 10위 안에 든 것은 2016년 리우데자네이루 올림픽 8위 이후 8년 만이에요.

　대회 시작 전 우리나라 올림픽 선수단은 역대 최약체라는 평가를 받았어요. 여자 핸드볼을 제외한 단체 구기 종목들이 모두 예선에서 탈락해 올림픽 출전권을 확보하지 못해 48년 만에 가장 작은 규모로 22개 종목, 144명의 선수단이 참가했어요. 대한체육회는 이번 대회 목표를 금메달 5개, 종합순위 15위권으로 잡았어요.

그러나 초반부터 사격, 펜싱, 양궁에서 메달이 쏟아졌어요. 사격에서는 금메달 3개, 은메달 3개를 획득했어요. 펜싱도 금메달 2개, 은메달 1개를 추가했는데 그중 오상욱 선수는 첫 2관왕에 올랐어요. 가장 눈부신 활약을 펼친 종목은 양궁이었어요. 양궁에서는 금메달 5개, 은메달 1개, 동메달 1개가 나왔고, 사상 첫 5개 종목 석권을 달성했어요.

이후 배드민턴에서 금메달 1개, 은메달 1개, 태권도에서 금메달 2개, 동메달 1개를 따내며 자존심을 지켜냈어요. 유도와 탁구, 역도, 복싱, 여자 근대5종, 수영에서도 메달이 이어져 열대야에 시달리던 국민들에게 시원한 소식을 전해주었어요.

어휘풀이
- **하계** 여름의 시기
- **획득** 얻어내어 자기의 것으로 만듦
- **예선** 본선에 나갈 선수나 팀을 뽑음
- **최약체** 가장 약한 조직체
- **최다** 가장 많음
- **출전권** 운동 경기 대회에 나갈 수 있는 권리

생각해보기

· 역대 최약체였던 우리나라 선수단이 좋은 성적을 거둔 원인은 무엇이라고 생각하나요?

· 우리 올림픽 선수들을 볼 때처럼 우리나라가 자랑스럽게 느껴질 때는 언제인가요?

시사상식

올림픽
전 세계에서 모인 여러 나라의 선수들이 여름과 겨울에 스포츠 경기를 하는 국제 대회예요. 기원전 8세기부터 서기 5세기까지 고대 그리스 올림피아에서 열렸던 올림피아 제전에서 비롯되었어요. 1896년에 시작된 근대 올림픽은 4년마다 세계 각국의 도시에서 열려요. 많은 운동선수가 올림픽에서 메달 받는 것을 목표로 해요. 우리나라는 1988년 서울 올림픽과 2018년 평창 동계올림픽을 개최했어요.

깊이 읽기 신문 기사 속에서 다음 질문의 답을 찾아보세요.

1. 다음 ☐ 안에 알맞은 말을 쓰세요.

① 8월 12일, 2024 파리 ☐☐ 올림픽이 막을 내렸어요.

② 대한민국 올림픽 선수단은 종합 ☐위의 성적을 거두었어요.

2. 맞는 내용에는 O표, 틀린 내용에는 X표 하세요.

① 우리나라는 이번 파리 올림픽에서 모두 합쳐 32개의 메달을 땄어요. ( )

② 우리나라 여자 핸드볼 팀은 올림픽 예선에서 탈락했어요. ( )

③ 우리나라 선수들이 가장 눈부신 활약을 펼친 종목은 태권도였어요. ( )

3. 우리나라가 금메달 13개를 딴 대회가 아닌 것은 어느 것인가요?

① 2008 베이징   ② 2012 런던   ③ 2021 도쿄   ④ 2024 파리

4. 우리나라가 메달을 따낸 종목이 아닌 것은 무엇인가요?

① 사격　　② 양궁　　③ 테니스　　④ 배드민턴

5. ☐ 안에 알맞은 말을 넣어 기사 내용을 간추려 보세요.

> 2024 ☐☐ 하계 올림픽이 8월 12일에 끝났어요. 역대 ☐☐☐로 평가받았던 우리나라 선수단은 모두 합쳐 ☐☐개의 메달을 따 종합 8위로 좋은 성적을 거두었어요. 열대야에 시달리던 국민들에게 올림픽 선수단이 전해오는 메달 소식은 큰 기쁨을 주었어요.

종합 독해력 문제 7

1. 각 설명에 알맞은 낱말을 보기에서 골라 쓰세요.

> **보기**
> 스타트업   온실가스   과잉 관광   듀프 제품

① 관광객이 너무 많이 몰려들어 그곳 사람들의 삶을 힘들게 하는 현상 (　　　)
② 비싼 브랜드 제품의 복제품으로 품질은 좋지만 가격은 저렴한 제품 (　　　)
③ 혁신적인 기술을 가지고 설립한 신생 기업을 뜻하는 말 (　　　)

2. 아랫글이 설명하는 대상이 무엇인지 쓰세요.

> · 전 세계 선수들이 참가하는 스포츠 경기 대회
> · 4년마다 세계 각국의 도시에서 열림
> · 우리나라 서울과 평창에서 개최된 적 있음

정답: ☐☐☐

3. 다음 글 속에서 오상욱 선수는 무슨 종목에 출전했나요?

> 그러나 초반부터 사격, 펜싱, 양궁에서 메달이 쏟아졌어요. 사격에서는 금메달 3개, 은메달 3개를 획득했어요. 펜싱도 금메달 2개, 은메달 1개를 추가했는데 그중 오상욱 선수는 첫 2관왕에 올랐어요. 양궁에서는 금메달 5개, 은메달 1개, 동메달 1개가 나왔고, 사상 첫 5개 종목 석권을 달성했어요.

① 사격   ② 펜싱   ③ 양궁   ④ 알 수 없음

4. 다음 (   )에 알맞은 이어주는 말은 무엇인가요?

> 값비싼 명품을 복제하는 문화는 오래전부터 있었어요. (   ) 최근의 듀프 소비는 이전과는 다른 특징이 있어요.

① 그리고   ② 그래서   ③ 하지만   ④ 그러므로

5. 다음 중 이상 기후 현상이 아닌 것은 무엇인가요?

> 올여름 지구 북반구 곳곳에서는 이상 기후 현상이 자주 나타났어요. 6월 사우디아라비아에서는 ①폭염으로 1,300명이 넘게 숨지는 일이 있었어요. 또 이탈리아와 그리스 같은 나라는 ②폭염에 관광객들이 탈진하거나 숨지는 일이 생기자 ③관광지를 급히 폐쇄했어요. 미국 캘리포니아주에서는 ④폭염 속에 산불이 한 달 넘게 계속됐어요.

글쓰기 7 – 읽은 책을 소개하는 기사문 쓰기

자신이 재미있게 읽은 책을 소개하는 글을 기사문 형식으로 써 보세요.

✎ 개요 짜기

글을 쓰기 전에 어떤 내용을 어떤 순서로 쓸지 아래 표 안에 간단히 적어 보세요.

제목			
전문	무엇을(책 제목): 누가(책을 쓴 사람) 언제(책이 나온 날 또는 내가 읽은 날): 어디서(출판사 이름 또는 책을 사거나 읽은 곳):		
본문	1문단	왜 (이 책을 읽은 이유/ 이 책을 소개하는 이유)	
	2문단	어떻게 (줄거리)	
	3문단	어떻게 (인상적인 장면, 인물/ 이 책에 대한 내 평가)	

기사문 형식으로 독후감 쓰기

위 개요표의 내용을 바탕으로 읽은 책을 소개하는 기사문을 완성해 보세요.

제목	
전문	
본문	

Week 8

- ③⑥ **환경** | 영국의 마지막 석탄화력발전소 가동 중단
- ③⑦ **과학** | 뇌에 가장 많이 쌓이는 미세 플라스틱
- ③⑧ **국제** | 일본 야구장에 울려 퍼진 한국어 교가
- ③⑨ **사회** | 지하주차장에서 전기자동차 화재
- ④⓪ **국제** | 결혼 후에도 원래 내 성을 쓰고 싶어요

환경

영국의 마지막 석탄화력발전소 가동 중단

2024년 9월

화력발전소 [사진=픽사베이]

  9월 30일, 영국에서 마지막으로 운영되던 석탄화력발전소가 가동을 중단했어요. 이로써 영국은 G7 국가 중에서 처음으로 더 이상 석탄발전소가 존재하지 않는 나라가 되었어요.

  1967년 가동을 시작한 영국의 석탄화력발전소 '랫클리프 온 소어 발전소'가 가동을 종료한다고 파이낸셜타임스가 보도했어요. 이 발전소는 57년간 200만 가구와 사업체에 전력을 공급해왔지만 최근 발전량을 점점 줄여 왔어요. 가동을 중단한 랫클리프 발전소는 2년 동안 단계적으로 철거될 예정이에요.

  영국은 세계 최초로 석탄화력발전을 시작한 나라예요. 1882년 발명가 에디슨이 런던에 건설한 '홀본 바이덕트 발전소'가 생산한 전기가 런던에 공급된 것이 그 시작이에요. 1980년대 초에는 석탄 화력 발전이 영국 전체 발전량의 82%를 차지했어요. 이러한 석탄 연기의 영향으로, 오염된 공기가 안개와 같이 된 상태를 일컫는 '스모그'라는 낱말도 영국에서 만들어졌어요.

그러나 영국은 영국의 경제성장에 기여한 석탄 발전을 142년 만에 끝내게 되었어요. 2015년, 석탄화력발전소를 10년 안에 폐쇄*하겠다는 계획을 발표하고 석탄화력발전 비율을 점차 줄여 온 것이에요. 2012년에는 전체 전력* 중 40%, 2023년에는 1%까지 줄었어요. 2050년까지 탄소 배출량을 0으로 떨어뜨리기 위해 영국은 재생에너지*와 원자력 비중을 높이고 있어요.

독일은 2038년, 캐나다는 2030년, 프랑스는 2027년에 석탄화력발전을 끝낼 예정이에요. 우리나라는 2022년 현재 석탄화력발전 비중이 39.7%로 발전 에너지원 중 비중이 가장 높고, 다른 나라들에 비해서도 높은 편이에요. 게다가 새로운 석탄화력발전소를 올해 완공*해 다른 나라와 세계 환경단체들이 우리나라를 주목하고 있어요.

어휘풀이

- **가동** 기계 따위를 움직여 일을 하게 함
- **폐쇄** 어떤 기관이나 시설 따위를 없애거나 그 기능을 정지시킴
- **재생에너지** 아무리 소비하여도 무한하게 공급되는 에너지
- **종료** 일을 마치어 끝을 냄
- **전력** 전류가 단위 시간에 행하는 일
- **완공** 완성하여 공사를 마침

생각해보기

· 석탄화력발전은 환경에 어떤 영향을 미치나요?

· 모든 석탄화력발전소를 폐쇄한 영국과는 달리 새로운 석탄화력발전소를 지은 우리나라의 결정에 대해 어떻게 생각하나요?

시사상식

G7(Group of Seven)

미국, 일본, 영국, 프랑스, 독일, 이탈리아, 캐나다 등 선진국 일곱 국가의 모임을 가리켜요. 1973년 1차 오일쇼크에 대한 대책 마련을 위해 미국, 영국, 프랑스, 서독, 일본의 5개국 재무장관들이 모인 G5로 시작되었어요. 1년에 한 번씩 모여 경제와 금융 문제와 관련해 각 나라들 사이의 경제정책 협조 등을 논의해요. 최근에는 경제뿐 아니라 정치와 외교 분야까지 논의하고 있어요.

깊이읽기 신문 기사 속에서 다음 질문의 답을 찾아보세요.

1. 다음 ☐ 안에 알맞은 말을 쓰세요.

① 영국의 마지막 석탄화력발전소가 ☐☐을 중단했어요.

② 오염된 공기가 안개와 같이 된 상태를 '☐☐☐'라고 해요.

2. 맞는 내용에는 O표, 틀린 내용에는 X표 하세요.

① 영국은 이제 가동되는 석탄화력발전소가 하나 남았어요. (　)

② 영국에 처음으로 석탄화력발전소를 세운 사람은 에디슨이에요. (　)

③ 영국은 탄소 배출량을 줄이기 위해 노력하고 있어요. (　)

3. 랫클리프 발전소에 대한 설명으로 맞지 않는 것은 어느 것인가요?

① 1967년 가동을 시작했어요.　② 57년간 전기를 생산했어요.

③ 2년 동안 철거될 예정이에요.　④ 지난 9월 30일 철거됐어요.

4. 석탄화력발전 중단 계획을 발표한 나라가 아닌 것은 어디인가요?

① 독일   ② 캐나다   ③ 한국   ④ 프랑스

5. ☐ 안에 알맞은 말을 넣어 기사 내용을 간추려 보세요.

> 영국에서 마지막으로 운영되던 ☐☐화력발전소가 9월 30일 가동을 중단했어요. 세계 최초로 석탄화력발전을 시작했던 영국은 이제 ☐☐ 국가 중에서 처음으로 석탄화력발전소가 없는 나라가 되었어요. 독일을 비롯한 다른 여러 나라들도 ☐☐ 배출량을 줄이기 위해 석탄화력발전을 끝낼 예정이에요.

뇌에 가장 많이 쌓이는 미세 플라스틱

2024년 9월

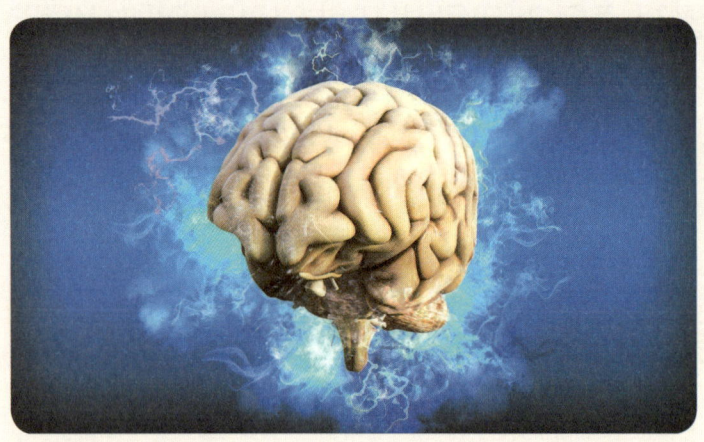

뇌 이미지 [사진=픽사베이]

사람이 섭취한 미세 플라스틱이 가장 많이 쌓이는 곳은 뇌라는 사실이 밝혀졌어요. 다른 장기에 비해 최대 30배까지 쌓인다고 해요.

미국 뉴멕시코 대학교 매튜 캠펜 제약학* 교수가 이끄는 연구팀은 2016년부터 올해까지 뉴멕시코주 엘버커키 검시소에서 수집한 시신 92구를 부검*해 인간의 장기 속에 남아 있는 미세 플라스틱을 조사했어요. 그 결과 뇌에서 발견된 미세 플라스틱의 양은 간이나 신장 같은 다른 장기보다 최소 7배에서 최대 30배 많았어요. 또 2016년에 부검한 뇌 샘플과 비교하면 최근에는 50% 더 높은 수치가 나왔어요.

미세 플라스틱은 1나노미터(nm, 10억분의 1미터(m))부터 5밀리미터(mm) 크기를 가진, 아주 작은 플라스틱 조각을 말해요. 뇌 조직에서 발견된 미세 플라스틱은 다른 장기에서 발견된 미세 플라스틱보다 크기가 작아요. 캠펜 교수는 '뇌는 길이가 100~200나노미터인 아주 작은 나노구조를 끌어들이고, 조금 더 큰 입자는 간과 신장으로 유입*됐다'고 했어요.

또한 연구진은 플라스틱이 지방을 좋아해 사람들이 먹는 지방과 함께 이동하는데, 인간의 뇌는 무게를 기준으로 했을 때 약 60%가 지방으로, 다른 어떤 장기보다 지방 비중이 높아 플라스틱이 더욱 많이 발견된 것이라고 밝혔어요.

　가장 많이 발견된 플라스틱은 폴리에틸렌이었어요. 폴리에틸렌은 포장, 비닐봉지, 보관 용기, 장난감과 같은 물건에 널리 사용되고 있어요. 최근에는 국내에서 유통•되는 생수 제품의 93%에서 미세 플라스틱이 검출됐다는 사실도 밝혀졌어요. 국립환경과학원이 시중•에서 판매되는 생수 30개 제품을 조사한 결과 28개 제품에서 미세 플라스틱이 검출•되었어요. 과학자들은 플라스틱병에 담겨 판매되는 생수의 안전성에 우려를 나타내고 있어요.

어휘풀이

- **제약학** 의약품의 개발, 제조, 관리 등에 필요한 기초 학문인 약학의 한 갈래
- **부검** 시신을 해부하여 검사함　　　　　• **유입** 물 따위가 어떤 곳으로 흘러들어 옴
- **유통** 재화나 용역 따위가 생산자로부터 소비자에 도달하기까지 여러 단계에서 교환되고 분배되는 활동
- **시중** 사람들이 많이 오가며 일상적으로 생활하거나 활동하는 곳　　• **검출** 어떤 요소나 특성을 검사하여 찾아냄

생각해보기

· 미세 플라스틱이 다른 장기보다 뇌에 많이 쌓이는 이유를 설명해 보세요.

· 자신이 오늘 사용한 플라스틱(비닐 포함)에는 어떤 것들이 있는지 적어 보세요.

시사상식

미세 플라스틱

1나노미터~5밀리미터 크기의 아주 작은 플라스틱이에요. 처음부터 작은 크기로 생산되기도 하고 페트병이나 비닐봉지 등이 시간이 지나며 잘게 부서져 만들어지기도 해요. 미세 플라스틱으로 오염된 흙이나 물에서 나는 식물, 천일염, 생선 등을 통해 인체에 흡수돼요. 또 음식을 싼 포장지나 비닐, 티백 등을 통해서도 인간의 몸속에 축적돼요. 지구 어디를 가든 미세 플라스틱을 피할 수 없게 되었지만 미세 플라스틱이 인체에 어떤 영향을 미치는지는 아직 다 밝혀지지 않았어요.

깊이읽기 신문 기사 속에서 다음 질문의 답을 찾아보세요.

1. 다음 ☐ 안에 알맞은 말을 쓰세요.

① 사람이 섭취한 미세 플라스틱이 가장 많이 쌓이는 곳은 ☐ 라고 해요.

② 미세 플라스틱은 사람들이 먹는 ☐☐ 을 따라 함께 이동해요.

2. 맞는 내용에는 O표, 틀린 내용에는 X표 하세요.

① 뇌에서 발견된 미세 플라스틱은 다른 장기보다 최대 30배 많았어요. ( )

② 뇌 조직에서 발견된 미세 플라스틱은 다른 장기에서 발견된 것보다 커요. ( )

③ 미국 뉴멕시코 대학교 연구팀은 우리나라 생수 속에서 미세 플라스틱을 발견했어요. ( )

3. 최근의 뇌 샘플에는 2016년에 비해 미세 플라스틱이 얼마나 많은가요?

① 30배   ② 7배   ③ 50%   ④ 93%

4. 폴리에틸렌이 사용되는 제품이 아닌 것은 무엇인가요?

① 장난감　② 비닐봉지　③ 보관 용기　④ 유리병

5. ☐ 안에 알맞은 말을 넣어 기사 내용을 간추려 보세요.

> 미국의 연구팀이 사람이 섭취한 미세 ☐☐☐☐이 가장 많이 쌓이는 곳은 뇌라고 밝혔어요. 미세 플라스틱은 ☐이나 신장 같은 다른 장기보다 뇌에 7배~30배 많이 쌓이며 뇌에 쌓인 미세 플라스틱은 다른 장기에 쌓인 것보다 크기가 작아요. 지방을 좋아하는 플라스틱이 지방이 ☐☐%인 뇌에 쌓이는 것이라고 해요.

일본 야구장에 울려 퍼진 한국어 교가

2024년 8월

야구 [사진=픽사베이]

　재일* 한국계 민족학교 교토국제고가 일본 전국고교야구선수권 대회에서 우승했어요. 교토국제고는 23일 효고현 니시노미야시에 있는 한신고시엔구장에서 열린 제106회 일본 전국고교야구선수권 대회 결승전에서 간토다이이치고를 2:1로 이겼어요. 교토국제고는 한신고시엔구장 건설 100주년에 열린 올해 '여름 고시엔'(일본 전국고교야구선수권대회) 우승팀이 되어 더 의미가 깊어요.

　교토국제고의 고시엔 우승은 기적으로 평가되고 있어요. 교토국제고는 1999년에 야구부를 창단*해 다른 팀들에 비해 역사가 짧은 편이기 때문이에요. 고시엔은 일본 고교야구 선수들의 꿈의 무대라 경쟁률이 치열해요. 올해 고시엔에는 일본 전 지역에서 3,715개 학교, 3,441팀이 참가했고 본선*에 오른 학교는 49개뿐이었어요.

　이날 결승전에서 교토국제고와 간토다이이치고는 팽팽한 접전*을 펼쳐 9회까지 점수가 나지 않았어요. 교토국제고는 연장* 10회초에 2점을 얻고 10회말 간토다이이치고에게 1점만 내주면서 승리를 거머쥐었어요.

　승리 직후 교토국제고 선수들이 '동해 바다 건너서 야마도 땅은 거룩한 우리 조상 옛

적 꿈자리'로 시작되는 한국어 교가를 부르는 모습이 NHK 방송을 통해 일본 전국에 생중계되었어요.

고마키 노리쓰구 교토국제고 감독은 인터뷰에서 '전원이 강한 마음을 갖고 공격한 결과라고 생각한다'며 대단한 선수들에게 감탄했다고 말했어요.

교토국제고의 전신은 재일교포들이 민족 교육을 위해 1947년에 설립한 교토조선중학교예요. 현재 중·고교생을 모두 합해 학생 수가 160명가량인 소규모 한국계 학교예요. 학생 모집을 위해 1999년 야구부를 창단해 일본 고교야구연맹에 가입했으며 고교생 138명 중 야구부 소속이 61명이에요.

어휘풀이

- **재일** 일본에서 살고 있음
- **창단** 이름에 '단'자가 붙은 단체를 처음으로 만듦
- **본선** 경기나 대회에서 여러 단계를 결정할 때 맨 마지막 단계의 선발
- **접전** 전력이나 기술이 비슷하여 쉽게 승부가 나지 않는 싸움이나 경기
- **연장** 일정 기준보다 늘림
- **전신** 물건, 신분, 단체 등이 바뀌기 전의 본체

생각해보기

· 일본의 고교야구 우승 소식이 우리나라 신문에 보도된 이유는 무엇일까요?

· 우리 학교에는 어떤 특별한 활동이나 자랑거리가 있나요?

시사상식

교토국제고

본래 이름은 '교토국제중고등학교'로 중학교, 고등학교 과정이 있어요. 1947년 재일한국인들이 '교토조선중학'이라는 이름으로 개교해 2003년에 지금의 교명으로 바꾸었어요. 한국어, 일본어, 영어 3개 언어로 교육이 이루어지고, 한국 문화에 관심이 많은, 일본인 학생들이 많아요. 남학생들은 야구부 활동을 목적으로 진학한 경우가 대부분이에요. 교토국제고는 2024년 제5회 불굴의 영웅상을 수상하기도 했어요. 이 상은 고 최동원 투수의 투혼을 가장 잘 실현한 단체에 주어지는 상이에요.

깊이읽기 신문 기사 속에서 다음 질문의 답을 찾아보세요.

1. 다음 ☐ 안에 알맞은 말을 쓰세요.

① 일본 전국고교야구선수권 대회에서 재일 ☐☐계 학교인 교토국제고가 우승했어요.

② 우승한 학교의 ☐☐☐ 교가가 전국에 생중계 되었어요.

2. 맞는 내용에는 ○표, 틀린 내용에는 ✗표 하세요.

① 교토국제고는 결승전에서 1점 차이로 상대팀을 물리쳤어요. (   )

② 교토국제고의 우승은 일찌감치 예상된 일이었어요. (   )

③ 교토국제고는 전교생이 160명가량인 작은 학교예요. (   )

3. 교토국제고가 우승한 야구대회 이름은 무엇인가요?

① 효고현   ② 간토다이이치   ③ 고시엔   ④ 한신

4. 일본 전국고교야구선수권 대회 우승이 어렵다는 것을 보여주는 수치가 아닌 것은 무엇인가요?

① 일본 전 지역에서 3,715개 학교 참가

② 본선에 오른 학교는 49개

③ 결승전 9회까지 점수 0:0

④ 1947년 교토조선중학교 설립

5. ☐ 안에 알맞은 말을 넣어 기사 내용을 간추려 보세요.

재일 한국계 민족학교 ☐☐☐☐☐가 제106회 일본 전국고교야구선수권 대회에서 우승했어요. 치열한 경쟁을 뚫고 일본 고교야구 정상에 오른 교토국제고는 1947년 ☐☐☐☐들이 세운 학교로, 이번 대회 우승 직후 선수들이 한국어 ☐☐를 부르는 모습이 일본 전국에 방송되었어요.

지하 주차장에서 전기자동차 화재

2024년 9월

지하 주차장 [사진=픽사베이]

지난 8월 1일 인천의 한 아파트 지하 주차장에서 전기자동차가 폭발하며 큰 화재로 번졌어요. 이날 오전 6시 15분경 인천 서구 청라동 한 아파트의 지하 1층 주차장에 주차되어 있던 전기자동차에서 불이 났어요. 불이 난 차량 주변으로 화재가 번지면서 주변 차량에도 빠르게 옮겨붙었어요.

현장 폐쇄회로(CC)TV 영상에는 지하 주차장에 있던 흰색 벤츠 차량에서 연기가 뿜어져 나오다 폭발과 함께 불길이 치솟는 모습이 담겨 있었어요. 화재 발생 8시간 20분 만에 진화˙됐지만 이 화재로 주민 등 23명이 연기를 마셔 병원으로 옮겨졌으며 차량 87대가 불에 타고 783대가 그을렸어요.

국립과학수사연구원의 정밀 감정˙ 결과에 따르면 차량 하부 배터리팩에서 불이 시작되었을 가능성이 있다고 해요. 차량 밑면의 외부 충격으로 배터리팩 내부의 셀이 손상되며 발화˙했을 가능성이 있다고 분석했어요. 그러나 배터리 관리 장치가 화재 당시 심하게 불에 타버려 정확한 데이터를 추출˙할 수는 없다고 해요.

화재의 원인이 된 전기자동차는 7월 29일 오후 7시 16분쯤 주차됐다가 약 59시간 후에 불이 난 거예요. 전기자동차 차주가 주차를 한 후 불이 나기 전까지 차량에 외부적인 충격은 없었던 것이 CCTV로 확인됐어요.

한편 경찰은 아파트 관리사무소 야간근무자와 소방 안전관리책임자 등 3명을 업무상 과실치상˚ 혐의로 불구속 입건˚했어요. 전기자동차에서 불이 난 직후 지하 주차장의 스프링클러가 정상 작동되지 않아 피해가 확산했기 때문이에요.

이 화재의 영향으로 전기자동차에 대한 소비자들의 호감도가 급격히 떨어졌어요. 또한 당국은 전기자동차 충전시설을 지상으로 옮기거나 지하 주차장 출입이 가능한 저상 소방차를 도입하는 등 전기자동차 화재 대책을 마련하고 있어요.

어휘풀이
- **진화** 화재를 다스려 불을 끔
- **감정** 전문적인 지식이나 기술로 물건의 특성이나 가치, 진위 따위를 판정함
- **발화** 불이 일어나거나 타기 시작함   · **추출** 전체 속에서 어떤 물건이나 요소를 빼냄
- **과실치상** 부주의로 인한 실수로 사람의 신체를 상하게 함
- **입건** 피의자의 범죄 사실을 인정하여 사건을 성립시킴

생각해보기

· 이 화재의 가장 큰 원인은 무엇이라고 생각하나요?

· 전기자동차의 장단점은 각각 무엇인가요?

시사상식

스프링클러(sprinkler)

주변에 물을 뿌리는 장치로 '살수장치'라고도 해요. '스프링쿨러'로 잘못 알고 있는 사람들도 있지만 '흩뿌리다'라는 뜻의 영단어 sprinkle에서 왔으므로 '스프링클러'가 맞는 표현이에요. 농업, 조경, 냉각 등의 목적으로도 쓰이지만, 화재를 초기에 진압하기 위한 소화용 스프링클러는 요즘 건물을 지을 때 꼭 설치해야 하는 중요한 장치예요.

깊이 읽기 신문 기사 속에서 다음 질문의 답을 찾아보세요.

1. 다음 ☐ 안에 알맞은 말을 쓰세요.

① 지난 8월 한 아파트 지하 주차장에서 전기자동차가 폭발하며 큰 ☐☐로 번졌어요.

② 정밀 감정 결과 차량 하부 ☐☐☐☐에서 불이 시작되었을 가능성이 있다고 해요.

2. 맞는 내용에는 O표, 틀린 내용에는 X표 하세요.

① 이 화재로 여러 사람이 연기를 마셔 병원으로 옮겨졌어요. (　)

② 전기자동차는 주차한 지 한 시간도 되지 않아 불이 나기 시작했어요. (　)

③ 이 화재의 영향으로 전기자동차 호감도가 떨어졌어요. (　)

3. 이 화재의 피해 상황으로 틀린 것은 무엇인가요?

① 차량 87대가 불에 탐　　② 주민 등 23명이 연기를 마심

③ 아파트 여러 세대가 불에 탐　　④ 차량 783대가 불에 그을림

4. 아파트 관리사무소 야간근무자와 소방 안전관리책임자가 입건된 이유는 무엇인가요?

① 전기자동차에 난 불을 끄지 않아서

② 화재 때 지하 주차장의 스프링클러가 정상 작동되지 않아서

③ 화재 때 주민들을 제때 대피시키지 않아서

④ 소방차가 진입할 때 지하 주차장 입구를 열지 않아서

5. ☐ 안에 알맞은 말을 넣어 기사 내용을 간추려 보세요.

지난 8월 인천의 한 아파트 지하 ☐☐☐에서 큰 화재가 났어요. 주차되어 있던 ☐☐☐☐☐가 폭발하며 난 불이 크게 번져 많은 차량이 불에 타거나 그을렸어요. 전기자동차 배터리팩에서 불이 시작되었다는 사실에 전기자동차에 대한 소비자들의 ☐☐☐가 급격히 떨어졌어요.

결혼 후에도 원래 내 성을 쓰고 싶어요

2024년 10월

결혼 [사진=픽사베이]

　유엔 여성차별철폐˚위원회가 일본 정부에게 여성이 결혼 후에도 자기 성을 쓸 수 있도록 바꿔야 한다고 지적했어요. 일본은 결혼 후 부부가 같은 성을 쓰도록 하는 부부 동성 제도를 시행하고 있는데, 많은 경우 남편 성을 따르고 있어요.

　17일(현지 시각) 스위스 제네바에서 열린 유엔 여성차별철폐위원회에서 한 위원은 일본 정부 관계자들에게 결혼한 여성이 원래 자신의 성을 쓰도록 자유를 줄 생각이 없느냐고 질문했어요. 일본 정부는 '국민들의 이해가 필요하다'는 답변만 되풀이했어요.

　유엔은 '유엔 여성차별철폐 협약과 관련해 주요 국가들이 여성 차별을 어느 정도 시정˚했는지 심사해요. 올해는 8년 만에 일본 정부를 상대로 심사가 열렸어요. 2016년 여성차별철폐위원회가 일본 가족법˚에 심각한 여성 차별 문제가 있다고 지적한 것 중 시정된 것도 있어요. 일본은 2015년까지 이혼한 여성에게만 6개월 동안 재혼˚을 금지했어요. 일본은 법 개정을 통해 여성의 재혼 금지 기간을 줄였고, 2022년에는 완전히 사라졌어요.

　하지만 20여 년에 걸쳐 세 차례나 시정 권고를 받았어도 주로 아내가 남편 성을 따르게 하는 법은 아직 바뀌지 않고 있어요. 일본은 민법 제750조에서 '부부는 혼인 시 남편 또는 아내의 성을 따른다'고 정해 놓고 있어요. 어느 쪽이 성을 바꾸든 상관없지만 실제로는 95% 여성 쪽이 바꾸고 있어요.

그러나 여성의 사회 진출이 많아지면서 직장 등에서 불편을 느끼는 여성들이 많아졌어요. 사회보험이나 건강보험, 은행계좌 등에서 이전의 성을 사용할 수 없으므로 결혼 후 명의 변경을 하는 불편한 과정을 거쳐야 해요. 또 결혼 여부 같은 사생활이 공개되는 것을 꺼리거나 자신의 정체성이 사라졌다고 느끼는 사람도 있어요.

결혼 후 배우자 한쪽의 성을 따르는 것은 전 세계 여러 국가에서 볼 수 있지만 이것을 법으로 정해 놓은 나라는 전 세계에서 일본뿐이에요. 동일한 성을 쓰지 않으면 법적으로 혼인을 인정받지 못해요. 최근에는 이와 같은 법을 폐지해야 한다는 일본 사회의 목소리가 커지고 있어요.

어휘풀이
- **철폐** 전에 있던 제도나 규칙 따위를 걷어치워서 없앰
- **가족법** 가족의 생활 관계를 규정한 법
- **명의** 어떤 일에 공식적으로 내세우는 문서상의 이름
- **시정** 잘못된 것을 바로잡음
- **재혼** 다시 혼인함
- **정체성** 어떤 존재가 본질적으로 가지고 있는 특성

생각해보기

· 우리나라에도 결혼 후 배우자의 성을 따라 바꾸는 법이 있다면 어떨 것 같은가요?

· 이름에 부모님의 성 두 가지를 모두 넣는 사람들도 있어요. 그렇게 하는 이유는 무엇일까요?

시사상식

여성차별철폐 협약

1979년 유엔 총회에서 맺은 협약으로 정식 명칭은 '여성에 대한 모든 형태의 차별 철폐에 관한 조약'이에요. 이 협약은 정치적, 경제적, 사회적, 문화적 분야를 포함한 어떤 분야에서도 성에 따른 차별을 해서는 안 된다는 내용을 담고 있어요. 이 협약을 맺은 나라들은 4년마다 보고서를 제출하고 협약 이행사항에 대해 국제 심의를 받아요. 우리나라는 1984년에, 북한은 2001년에 이 협약에 서명했어요.

깊이읽기 신문 기사 속에서 다음 질문의 답을 찾아보세요.

1. 다음 ☐ 안에 알맞은 말을 쓰세요.

   ① 일본은 결혼 후 부부가 같은 성을 쓰도록 하는 부부 ☐☐제도를 시행하고 있어요.

   ② 그런데 결혼한 부부 ☐☐%가 여성이 남편의 성으로 바꾸고 있어요.

2. 맞는 내용에는 O표, 틀린 내용에는 X표 하세요.

   ① 유엔 여성차별철폐위원회가 일본 정부에 문제점을 지적한 것은 이번이 처음이에요. (   )

   ② 일본에는 이혼한 여성에게 6개월 동안 재혼을 금지하는 법이 있었어요. (   )

   ③ 결혼 후 배우자 한쪽의 성을 따르는 나라는 일본 외에도 많아요. (   )

3. 유엔 여성차별철폐위원회의 권고로 일본에서 사라진 것은 무엇인가요?

   ① 이혼 금지법   ② 이혼한 여성의 재혼을 6개월간 금지하는 법

   ③ 아내가 남편 성을 따르게 하는 법   ④ 여성의 사회 진출을 막는 법

4. 결혼 후 남편 성을 따르는 여성들이 겪는 불편이 아닌 것은 무엇인가요?

① 건강보험, 은행계좌 등 명의 변경

② 이름만으로도 결혼 여부가 공개되는 것

③ 주변 사람들의 따돌림

④ 자신의 정체성이 사라진 느낌

5. ☐ 안에 알맞은 말을 넣어 기사 내용을 간추려 보세요.

> 유엔 여성차별철폐위원회는 지난 17일, 일본 정부에게 ☐☐한 여성이 원래 자신의 성을 쓰도록 ☐☐를 주어야 한다고 지적했어요. 일본에는 결혼하면 남편 또는 아내의 성을 따르도록 하는 부부 동성제도가 있는데 대부분 여성이 남편 성으로 바꿔요. 이 제도를 불편하게 느끼는 여성이 많아져 이 법을 ☐☐해야 한다는 일본 사회의 목소리도 커지고 있어요.

종합 독해력 문제 8

1. 다음 글 속에서 영국이 석탄화력발전을 중단한 이유를 찾아보세요.

> 영국은 영국의 경제성장에 기여한 석탄 발전을 142년 만에 끝내게 되었어요. 2015년, 석탄화력발전소를 10년 안에 폐쇄하겠다는 계획을 발표하고 석탄화력발전 비율을 점차 줄여온 것이에요. 2050년까지 탄소 배출량을 0으로 떨어뜨리기 위해 재생에너지와 원자력 비중을 높이고 있어요.

① 석탄이 영국 경제성장에 기여했기 때문에
② 석탄화력발전을 시작한 지 너무 오래돼서
③ 탄소 배출량을 0으로 떨어뜨리기 위해
④ 원자력 발전 비중을 높이기 위해

2. 다음 밑줄 친 부분과 뜻이 가장 비슷한 말을 고르세요.

> 뇌에서 <u>발견된</u> 미세 플라스틱의 양은 간이나 신장 같은 다른 장기보다 최소 7배에서 최대 30배 많았어요.

① 검출된   ② 유입된   ③ 유출된   ④ 유통된

3. 다음 야구 경기 결과 교토국제고와 간토다이이치고의 점수는 몇 대 몇이었을까요?

이날 결승전에서 교토국제고와 간토다이이치고는 팽팽한 접전을 펼쳐 9회까지 점수가 나지 않았어요. 교토국제고는 연장 10회초에 2점을 얻고 10회말 간토다이이치고에게 1점만 내주면서 승리를 거머쥐었어요.

① 0:0　② 2:0　③ 0:1　④ 2:1

4. 다음 글 내용과 일치하는 문장을 고르세요.

CCTV 영상에서는 지하 주차장에 있던 벤츠 차량에서 연기가 뿜어져 나오다 폭발과 함께 불길이 치솟는 모습이 나왔어요. 화재 발생 8시간 20분 만에 진화됐지만 이 화재로 주민 등 23명이 연기를 마셔 병원으로 옮겨졌으며 차량 87대가 불에 타고 783대가 그을렸어요.

① 누군가 벤츠 차량 불을 붙였어요.　② 화재는 8시간 20분 만에 진화됐어요.
③ 이 화재로 주민 23명이 숨졌어요.　④ 다른 차들은 화재 피해를 입지 않았어요.

5. 다음 빈칸에 알맞은 말을 고르세요.

유엔 여성차별철폐위원회가 일본 정부에게 여성이 결혼 후에도 자기 ☐을 쓸 수 있도록 부부 동성제도를 바꿔야 한다고 지적했어요.

① 돈　② 성　③ 집　④ 책

글쓰기 8 – 설문조사 내용으로 기사문 쓰기

가족이나 친구들을 대상으로 설문조사를 한 뒤 그 결과를 기사문 형식으로 써 보세요.

✍ 개요 짜기

설문 주제를 '우리 가족이 캠핑 갈 장소', '친구들이 좋아하는 게임'처럼 친숙한 것으로 정해 미리 적어두세요. 여러 사람의 의견을 기록했다가 그것을 모아 글로 풀어쓰는 것이니까 설문조사 할 때 숫자와 이유를 잘 기록해 두세요.

기사문을 쓰기 전에 어떤 내용을 어떤 순서로 쓸지 아래 표 안에 간단히 적어 보세요.보세요.

제목			
전문	누가(설문 대상): 어디서(설문 장소):		언제(설문조사 한 날): 무엇을(설문 주제):
본문	1문단	설문 주제를 정한 이유(왜), 설문 방법(어떻게)	
	2문단	설문조사 결과 (어떻게)	
	3문단	설문조사 결과 분석(왜)	

✍️ 기사문 쓰기

위 개요표의 내용을 바탕으로 기사문을 완성해 보세요.

제목	
전문	
본문	

Week 9

41 국제 | 삐삐와 무전기가 무기로 사용되다니
42 과학 | 9월 7일은 곤충의 날
43 사회 | 명절이면 더 심해지는 층간소음
44 국제 | 4,500만 원 줄 테니 당신의 나라로 돌아가세요
45 사회 | 촉법소년에게 강력한 처벌을?

삐삐와 무전기가 무기로 사용되다니

2024년 9월

석주명[사진=환경부 보도자료]

 유엔 안전보장이사회는 긴급회의를 열어 레바논 문제를 다룰 예정이라고 밝혔어요. 지난 17~18일에 레바논 무장정파 헤즈볼라를 겨냥해 무선호출기(삐삐)와 무전기들이 연이어 폭발하는 사건이 있었기 때문이에요.

 레바논에서 이틀 동안 무선호출기와 무전기 수천 개가 동시에 잇달아 폭발한 이 사건으로 어린이 2명을 포함해 최소 32명이 숨지고 3,200명 이상이 다쳤어요. 이 사건은 헤즈볼라를 노린 이스라엘의 비밀 작전이었다는 사실이 드러나고 있어요.

 유엔(UN) 인권 최고 대표인 폴커 튀르크는 '민간인 피해가 발생했다는 점에서 용납할 수 없다'며 '민간인과 무장단체 구성원을 구분하지 않고 다수를 공격한 것은 국제 인권법을 어긴 행위'라고 지적했어요.

 유럽연합(EU) 외교안보 고위 대표 호세프 보렐도 '특정 대상을 표적으로 삼은 것처럼 보여도 어린이를 비롯한 민간인들이 무차별적 피해를 입었다'며 비난했어요.

 유엔의 안토니우 구테흐스 사무총장은 '이 모든 장비 폭발을 만든 논리는 주요 군사작

전에 앞서 선제공격˙을 위한 것이 분명하다'며 '민간이 사용하는 물건이 무기가 되지 않도록 통제하는 게 매우 중요하다'고 말했어요.

무선호출기와 무전기 폭발 사건 이후 이스라엘은 23일과 24일 레바논 남부와 수도 베이루트를 대규모로 폭격했고, 헤즈볼라도 이스라엘을 향해 로켓을 쏘며 보복 공격을 하고 있어요. 이틀 동안 이스라엘의 폭격으로 어린이 50명을 포함해 558명이 사망했고, 1,835명이 다쳤어요. 이에 유엔은 레바논 문제를 논의하기 위해 25일 오후 6시 정식회의를 긴급 소집했어요.

어휘풀이

- **무장정파** 전쟁에 필요한 무기나 장비를 갖춘 정치적 파벌
- **무선호출기** 전화로 신호한 숫자나 문자 따위를 수신하여 액정 화면으로 보여주는 휴대용 기기, 삐삐라고도 부름
- **인권** 사람이라면 누구나 태어나면서부터 당연히 가지는 기본적 권리
- **민간인** 관직에 있거나 군대에 복무하지 않는 보통의 사람
- **무장단체** 전투에 필요한 장비를 갖춘 조직이나 단체
- **선제공격** 상대편을 제압하기 위하여 먼저 공격함

생각해보기

· 일반인들이 사용하는 물건을 무기로 사용하는 것에 대해 어떻게 생각하나요?

· 전쟁이 일어나는 다양한 원인을 말해 보세요.

시사상식

헤즈볼라(Hezbollah)

레바논의 이슬람 시아파 정당조직으로 중동 지역 최대의 교전단체예요. 1983년 민병대로 출발한 후 레바논 정치에도 진출해 2005년부터 계속 레바논 정부의 일원으로 행동하고 있어요. 이란에 의해 창설된 이래 지속적으로 이란의 지원을 받으며 전 중동 지역을 이슬람으로 통일하려는 목적을 가지고 있어요. 주로 미국과 이스라엘을 대상으로 테러를 일으키고 있어요.

깊이읽기 신문 기사 속에서 다음 질문의 답을 찾아보세요.

1. 다음 □ 안에 알맞은 말을 쓰세요.

    ① 유엔 안전보장이사회는 긴급회의에서 □□□ 문제를 다루기로 했어요.

    ② 무선호출기와 □□□들이 폭발하면서 많은 사람이 죽거나 다쳤어요.

2. 맞는 내용에는 O표, 틀린 내용에는 X표 하세요.

    ① 레바논에서 일어난 무선호출기와 무전기 폭발 사건은 헤즈볼라의 비밀 작전이에요. (   )

    ② 유엔 인권 최고 대표는 민간인 피해가 발생한 것을 용납할 수 없다고 했어요. (   )

    ③ 이스라엘은 무선호출기와 무전기 폭발 사건 이후 레바논 남부와 베이루트를 폭격했어요. (   )

3. 무선호출기와 무전기 폭발 사고의 피해 사실과 다른 것은 무엇인가요?

    ① 어린이 2명 사망   ② 유엔 본부 폭발
    ③ 3,200명 이상 부상   ④ 민간인 사망 및 부상

4. 무선호출기 폭발 사건을 비난한 사람이 아닌 것은 누구인가요?

① 유엔 인권 최고 대표　　② 유럽연합 외교안보 고위 대표

③ 유엔 사무총장　　　　　④ 이스라엘 대변인

5. ☐ 안에 알맞은 말을 넣어 기사 내용을 간추려 보세요.

지난 17, 18일 레바논에서 수천 개의 무선호출기와 무전기가 연이어 동시에 ☐☐한 사건이 있었어요. 이스라엘이 ☐☐☐☐를 노리고 벌인 이 작전으로 많은 민간인이 희생되어 국제사회의 비난을 받았어요. 뒤이어 이스라엘과 헤즈볼라가 다시 서로를 공격하자 ☐☐ 안전보장이사회는 긴급회의를 열기로 했어요.

9월 7일은 곤충의 날

2024년 9월

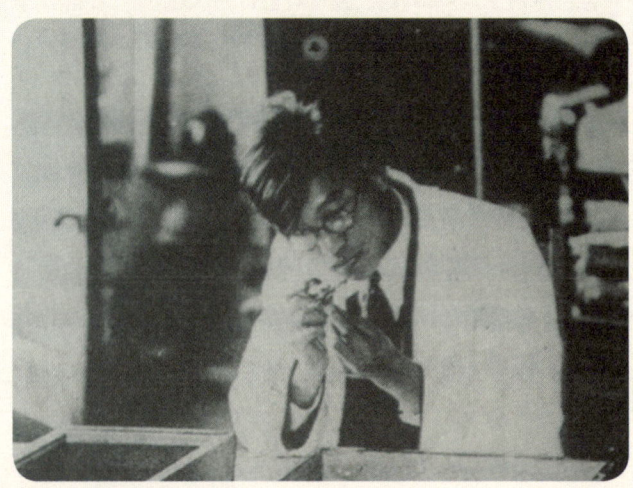

석주명[사진=환경부 보도자료]

 9월 7일은 곤충의 날이에요. 9월은 곤충의 활동이 활발한 시기이고 '9,7'(구,칠)이 '곤충'과 소리가 비슷해서 곤충의 날로 정했다고 해요.

 농림축산식품부는 9월 6일 서울 서초구 양재동 aT센터에서 '제6회 곤충의 날 기념식'을 열었어요. '곤충의 도전과 미래'를 주제로 개최된 이 행사는 곤충산업 육성 학술대회와 우수 곤충 제품 전시, 홍보 및 시식, 체험 등도 함께 진행했어요. 농식품부는 곤충산업이 첨단 생명 소재 산업의 모델로 자리 잡을 수 있도록 적극 추진할 계획이라고 밝혔어요.

 한편 우리나라 곤충 연구의 선구자인 '나비 박사' 석주명 선생의 곤충 표본이 90년 만에 일본에서 돌아온다는 반가운 소식도 있어요. 환경부 소속 국립생물자원관은 석주명 선생이 1930~40년대 한반도 전역에서 수집한 곤충 표본을 25일 일본 후쿠오카의 규슈대로부터 기증받는다고 밝혔어요.

 국립생물자원관 연구진은 지난 3월 규슈대 연구실에 소장된 석주명 선생의 표본을 최초로 확인한 후, 대학 측에 여러 차례 그 표본이 우리나라 곤충학계에서 차지하는 의미를 설명하고 기증의 필요성을 설득해 마침내 돌아오게 되었어요. 이번에 발견된 120여 점의 표본은 당시 일본의 곤충학자와 교류했던 석주명 선생이 기증 또는 표본 교환을 통해 규슈대 연구실에 전달한 것으로 추정돼요.

이 표본에는 북한의 고산지역에서 채집된 차일봉지옥나비와 함경산 뱀눈나비 등 희귀한 종도 포함되었어요. 국립생물자원관은 석주명 선생 표본의 가치를 재조명하기 위해 올해 11월 특별 전시 및 학술회를 개최할 계획이에요.

어휘풀이
- **육성** 어떤 일이나 인물, 대상 따위를 어떠한 목적을 전제로 가꾸어 키우거나 발전시킴
- **소재** 어떤 것을 만드는 데 바탕이 되는 재료
- **선구자** 어떤 일이나 사상에 있어 그 시대의 다른 사람보다 앞선 사람
- **표본** 본보기나 기준이 될 만한 것
- **소장** 물건을 자신의 소유물로 간직하여 둠
- **재조명** 어떤 대상의 의의나 가치를 다시 들추어 살핌

생각해보기

· 곤충의 날에 어떤 행사나 프로그램을 운영하면 좋을까요?

· 내가 잘 알고 있는 곤충의 생김새나 습성을 소개해 보세요.

시사상식

석주명(1908~1950)

1908년 평양에서 태어나 개성의 송도 고등보통학교에서 공부했어요. 일본 가고시마 고등농림학교를 졸업한 뒤 송도 고등보통학교로 돌아와 교사로 일하면서 나비 연구에 몰두했어요. 우리나라의 나비 표본을 수집해 나비 변이를 연구했고 1939년 영국 왕립아시아학회에 '한국의 동종이명 나비 목록'을 출간해 세계적으로 이름을 알렸어요. 그러나 아쉽게도 그가 평생 채집한 나비 표본 15만여 점은 6·25 때 폭격으로 거의 모두 불타버렸어요.

깊이읽기 신문 기사 속에서 다음 질문의 답을 찾아보세요.

1. 다음 ☐ 안에 알맞은 말을 쓰세요.

① 농림축산식품부는 9월 6일에 ☐☐의 날 기념식을 열었어요.

② 석주명 선생의 곤충 ☐☐이 일본에서 우리나라로 돌아오게 되었어요.

2. 맞는 내용에는 ○표, 틀린 내용에는 ✕표 하세요.

① 곤충의 날은 9월 6일이에요. (　)

② 이번에 돌아오는 석주명 선생의 곤충 표본은 일본의 한 대학교에 있었어요. (　)

③ 석주명 선생의 곤충 표본은 국내 전시가 끝나면 일본으로 다시 돌아가요. (　)

3. 곤충의 날 기념식 행사에서 볼 수 없는 것은 무엇인가요?

① 학술대회　　　　② 우수 곤충 제품 전시

③ 석주명 나비 표본　④ 곤충 체험 행사

4. 이번에 우리나라로 돌아오는 나비 표본에 포함된 희귀한 종은 어느 것인가요?

① 푸른부전나비　　② 함경산 뱀눈나비

③ 왕자팔랑나비　　④ 꼬리명주나비

5. ☐ 안에 알맞은 말을 넣어 기사 내용을 간추려 보세요.

> 9월 7일 곤충의 날을 맞아 농림축산식품부에서는 9월 6일에 ☐☐☐을 열었어요. 또 9월 25일에는 ☐☐☐ 선생의 나비 표본이 일본으로부터 우리나라로 돌아와요. 일본 ☐☐☐ 연구실에서 소장하고 있던 표본을 기증받게 되어 희귀한 우리나라 나비 표본 120여 점이 돌아오는 거예요.

명절이면 더 심해지는 층간소음

2024년 9월

소음 [사진=픽사베이]

 환경부는 추석 연휴를 앞두고 '층간소음 없는 한가위 보내기' 캠페인을 시작했어요. 추석이나 설 같은 명절 연휴에는 층간소음이 더 심해지기 때문이에요.

 환경부에 따르면 최근 3년간 추석 연휴 이후 층간소음 전화 상담 신청 건수가 추석 연휴 이전보다 25% 이상 증가했어요. 명절 연휴에는 오랜만에 많은 가족들이 모이기 때문에 평소보다 큰소리가 많이 나기 쉽고, 그 소리가 밤늦게까지 이어지기도 해요.

 국토교통부는 2023년부터 기존˙ 주택의 층간소음을 줄이기 위한 사업을 진행하고 있어요. 소음 매트를 사서 시공하거나 고성능˙ 바닥 구조로 바꾸는 데 들어가는 비용을 저금리˙로 지원해 주는 것이에요. 하지만 실제로 이 사업에 신청하는 사람들이 매우 적고, 현재 시판˙ 중인 매트들은 소음을 줄여주는 효과도 그리 크지 않아요.

 그래서 환경부에서는 입주자 스스로 층간소음을 줄이기 위해 노력해야 한다고 해요. '층간소음 없는 한가위 보내기' 캠페인은 ▶하루에 2번 이웃과 인사하기 ▶밤부터 오전 6시까지 더 배려하기 ▶생활 소음 4dB(데시벨) 낮추기 ▶2cm 이상 두꺼운 매트 위에서 놀기 등을 제안하고 있어요.

한편 일본에서는 층간소음을 줄이도록 설계한 뮤지션 아파트가 인기라고 해요. 큰 소리로 노래하고 악기도 연주하고 춤을 추어도 소리가 새 나가지 않는 '방음• 아파트'예요. 이 아파트는 연주자 같은 직업을 가진 사람들이 즐겨 찾았지만 코로나19 이후 집에 머무는 시간이 길어진 일반인들도 많이 찾기 시작했어요. 뮤지션 아파트는 주변 아파트보다 월세•가 30% 정도 비싼데도 입주 희망 대기자가 줄을 선다고 해요.

어휘풀이
- **기존** 이미 존재함
- **고성능** 아주 좋은 성질과 기능
- **저금리** 이율이 낮은 이자
- **시판** 시장이나 상점에서 일반인에게 판매함
- **방음** 소리가 밖으로 새어 나가거나 안으로 들어오는 것을 막음
- **월세** 다달이 내는 집세

생각해보기

· 층간소음으로 불편을 겪은 적이 있나요?
_____

· 층간소음을 줄이기 위해 해 본 일을 소개해 주세요.
_____

시사상식

데시벨(decibel)

전압, 전류, 음향에서 그 이득이나 손실의 양에 대한 단위를 나타내는 말로, 일반적으로는 소리의 상대적 높이나 세기의 단위를 나타낼 때 써요. 기호는 dB로 쓰지요. 일상적인 대화나 설거지 소리는 약 60dB, 혼잡한 교차로의 소음은 약 75dB, 버스나 지하철 소리는 70~90dB, 노래방 소음은 약 100dB, 사이렌이나 폭죽 소리는 약 125dB, 비행기 이착륙 소리나 총소리는 약 140dB이라고 해요.

깊이읽기 신문 기사 속에서 다음 질문의 답을 찾아보세요.

1. 다음 ☐ 안에 알맞은 말을 쓰세요.

① ☐☐☐는 '층간소음 없는 한가위 보내기' 캠페인을 시작했어요.

② 명절 ☐☐에는 오랜만에 많은 가족들이 모여 층간소음이 늘어날 수 있어요.

2. 맞는 내용에는 ○표, 틀린 내용에는 X표 하세요.

① 국토교통부는 층간소음을 줄이기 위한 사업을 진행하고 있어요. (   )

② 환경부 캠페인에서는 밤부터 오후 6시까지 더 배려하자고 했어요. (   )

③ 일본에서는 층간소음을 줄이도록 설계한 뮤지션 아파트가 인기예요. (   )

3. 추석 연휴 이후에는 층간소음 전화 상담 신청 건수가 얼마나 증가했나요?

① 5%   ② 15%   ③ 25%   ④ 35%

4. '층간소음 없는 한가위 보내기' 캠페인의 내용이 아닌 것은 무엇인가요?

① 이웃에게 명절 선물 주기　② 하루에 2번 이웃과 인사하기

③ 생활 소음 4dB 낮추기　④ 2cm 이상 두꺼운 매트 위에서 놀기

5. ☐ 안에 알맞은 말을 넣어 기사 내용을 간추려 보세요.

환경부에서는 ☐☐ 연휴를 앞두고 층간소음을 줄이기 위한 캠페인을 시작했어요. 국토교통부에서 진행하고 있는 ☐☐ 소음 줄이기 사업에 참여가 적고 효과도 크지 않아서 캠페인이 필요하다는 거예요. 한편 일본에서는 소리가 새 나가지 않는 ☐☐☐ 아파트가 인기예요.

4,500만 원 줄 테니 당신의 나라로 돌아가세요

2024년 9월

스웨덴 국기 [사진=픽사베이]

　스웨덴이 출신국˙으로 돌아가는 이민자에게 최대 4,500만 원의 지원금˙을 주겠다며 외국인 수를 줄이려 하고 있어요. 스웨덴은 자국민˙과 이민자를 차별하지 않는 복지국가였지만 최근에는 국가 정책을 바꾸고 있어요.

　AFP통신에 따르면 스웨덴 정부는 2026년부터 자발적으로 출신국에 돌아가는 이민자들을 대상으로 최대 35만 크로나(약 4,516만 원)를 받을 수 있도록 할 것이라고 해요. 현재 지원금은 성인 1인당 1만 크로나(약 130만 원)이고, 가족의 경우 최대 4만 크로나(약 517만 원)까지 받을 수 있어요.

　이러한 보조금은 1984년부터 있었지만 잘 알려지지 않았고, 규모가 작으며 소수의 사람만 이용했다고 해요. 새로 책정˙된 지원금은 이전에 비해 크게 오른 것이에요. 요한 포르셀 스웨덴 이민부 장관은 '이민 정책에 변화를 주는 과도기에 있다'고 했어요.

　그동안 스웨덴은 많은 이민자를 받아들여 왔어요. 스웨덴 이민자 대부분은 구 유고슬라비아와 시리아, 아프가니스탄, 소말리아, 이란 등 분쟁국˙ 출신이에요. 스웨덴 통계청에 따르면 지난해 2023년 기준 스웨덴에 거주 중인 외국 출생자는 214만 명으로 전체 인구의 약 25%나 된다고 해요.

그런데 이주민들의 실업률*이 치솟아 빈부격차가 커지고 복지로 인한 국가의 재정 부담이 커지기 시작했어요. 또한 종교와 문화가 다른 이민자들이 일으키는 사회문제도 점점 심각해지고 있어요. 이민자 집단에 의한 총기, 폭발물 테러 범죄도 빈번히 일어나고 있어요.

유럽의 다른 나라들도 이민자들을 출신국으로 돌려보내려고 하고 있어요. 덴마크, 노르웨이, 프랑스도 지원금을 지급하고 있어요. 또 독일이나 오스트리아, 스위스, 체코 등 여러 나라들이 불법 이민자를 막기 위해 국경 검문을 강화했어요.

어휘풀이

- **출신국** 출생 당시 가정이 속하여 있던 나라
- **지원금** 어떤 단체나 개인을 지지하여 뒷받침하기 위해 지급하는 돈
- **자국민** 자기 나라의 국민
- **책정** 계획이나 방책을 세워 결정함
- **분쟁국** 정치나 종교 따위의 문제로 인해 다른 나라와 시끄럽고 복잡하게 다투는 나라
- **실업률** 노동할 의욕과 능력이 있는 인구 중에서 실업자가 차지하는 비율

생각해보기

· 그동안 많은 이민자가 스웨덴을 선택한 이유는 무엇이었을까요?

· 우리나라에 정착해 살고 있는 외국인들과 문화 차이를 느껴본 적이 있나요?

시사상식

스웨덴

본래 이름은 스웨덴 왕국으로 '스웨덴'은 줄여서 부르는 이름이에요. 북유럽 스칸디나비아반도에 자리 잡고 있으며 유럽에서 다섯 번째로 면적이 넓은 나라예요. 수도는 스톡홀름. 정치체제는 입헌군주제로 국왕이 있어요. 국왕은 총리 임명권을 가지고 있으며 총리가 내각을 책임져요. 유럽연합에 가입한 국가이지만 유로화를 쓰지 않고 자체 화폐인 크로나를 써요. 밤에도 해가 지지 않는 백야 현상과 하늘빛이 다채로워지는 오로라를 볼 수 있어요.

깊이읽기 신문 기사 속에서 다음 질문의 답을 찾아보세요.

1. 다음 ☐ 안에 알맞은 말을 쓰세요.

① 스웨덴이 출신국으로 돌아가는 ☐☐☐에게 최대 4,500만 원의 지원금을 주기로 했어요.

② 스웨덴의 국가 ☐☐이 외국인 수를 줄이는 쪽으로 바뀐 것이에요.

2. 맞는 내용에는 O표, 틀린 내용에는 X표 하세요.

① 출신국으로 돌아가는 이민자에게 지원금을 주는 것은 이번이 처음이에요. (   )

② 스웨덴은 많은 이민자를 받아들이는 복지국가였어요. (   )

③ 스웨덴 이민자 대부분은 분쟁국 출신이에요. (   )

3. 스웨덴이 이민자 수를 줄이려고 하는 까닭이 아닌 것은 무엇인가요?

① 이주민들의 높은 실업률　　② 빈부격차 감소

③ 복지 부담이 늘어남　　　　④ 이민자들이 일으키는 사회문제

4. 이민자들을 돌려보내려는 유럽의 나라가 아닌 것은 어디인가요?

① 미국　　② 덴마크　　③ 노르웨이　　④ 프랑스

5. ☐ 안에 알맞은 말을 넣어 기사 내용을 간추려 보세요.

☐☐☐이 출신국으로 돌아가는 이민자에게 주는 ☐☐☐을 크게 늘려 외국인 수를 줄이기로 했어요. 이는 이민자들에 대한 복지 부담이 커지고 그들이 일으키는 사회문제가 심각해지고 있기 때문이에요. 스웨덴뿐 아니라 ☐☐ 여러 나라들이 이민자를 줄이거나 막으려고 노력하고 있어요.

촉법소년에게 강력한 처벌을?

2024년 5월

청소년 범죄 [사진=픽사베이]

최근 촉법소년에 대한 처벌을 강화해야 한다는 의견이 많아지고 있어요. 지난해 촉법소년의 수가 그 전해보다 늘어난 데 이어 올해에도 촉법소년 범죄가 계속 일어나고 있기 때문이에요.

1월에는 서울 강남구 신사동의 한 건물에서 여성 국회의원이 괴한*에게 습격당했어요. 범인은 남자 중학생(15)이었어요. 범행 직후 현장에서 나이를 묻자, 범인은 '15살이다. 촉법(소년)이다'라고 답한 것으로 알려졌어요. 그런데 이 학생의 경우 2009년생이어서 촉법소년에 해당하지 않아 형사*처벌이 가능하다고 해요.

5월에는 세종시의 한 학원가 건물 3층에서 킥보드가 떨어져 하교 중이던 중학생 2명이 다쳤어요. 경찰이 건물 폐쇄회로(CC)TV를 분석해 범인을 잡고 보니 10살이 안 된 초등학교 저학년 학생이었어요. 이 사고는 피해자들이 부상을 입는 것에 그쳤지만, 지난해 서울 노원구의 한 아파트에서는 어린이가 떨어뜨린 돌에 머리를 맞아 70대 남성이 숨진 사고도 있었어요.

현행 형법*에 따르면 만 10세 미만은 범법*소년으로 구분되어 범죄를 저질러도 처벌을 받지 않아요. 만 10세 이상부터 14세 미만까지는 형사미성년자(촉법소년)로, 범행을 저질러도 형사처벌을 받지 않고 보호관찰이나 사회봉사 명령, 소년 보호시설 위탁 등 보호처분만 받아요.

많은 사람이 촉법소년 제도가 청소년 범죄를 증가시킨다고 생각해요. 그래서 촉법소년 제도를 폐지하고 나이에 상관없이 지은 죄에 해당하는 강력한 처벌을 해야 한다는 거예요. 하지만 촉법소년들에 대한 처벌을 강화하면 오히려 범죄율이 올라간다는 연구도 있어요. 그래서 무조건 처벌을 강화하기보다는 다시는 범죄를 저지르지 않도록 교화*하는 방안을 고민하는 것이 중요하다는 지적도 있어요.

어휘풀이
- **괴한** 행동이나 차림새가 수상한 사내
- **현행** 어떤 일이 현재 행해지고 있음
- **범법** 법을 어김
- **형사** 형법의 적용을 받는 사건
- **형법** 범죄나 그 범죄에 가해지는 형벌에 관해 규정한 법률 체계
- **교화** 사람을 정신적으로 가르치고 이끌어 좋은 방향으로 나아가게 함

생각해보기

· 촉법소년 처벌을 강화하는 것에 찬성(혹은 반대)하나요? 그 이유는 무엇인가요?

· 만 10세 미만은 범죄를 저질러도 처벌을 받지 않는 법에 대해 어떻게 생각하나요?

시사상식

형사처벌

형법상 범죄행위에 대한 법적 처벌로, 형벌이라고도 해요. 형사처벌에는 여러 종류가 있어요. 명예나 자격을 빼앗는 자격상실 또는 자격정지, 금전적으로 제재를 가하는 벌금, 과태료, 몰수가 있어요. 또 신체의 자유를 제한하는 징역, 금고, 구류가 있고, 가장 극악한 범죄의 경우 사형이 선고돼요. 그러나 만 10세 미만의 범법소년과 만 10세 이상 14세 미만의 촉법소년은 이러한 형사처벌을 받지 않아요.

깊이읽기 신문 기사 속에서 다음 질문의 답을 찾아보세요.

1. 다음 ☐ 안에 알맞은 말을 쓰세요.

① 최근 촉법소년에 대한 처벌을 ☐☐해야 한다는 의견이 많아지고 있어요.

② 만 10세 미만의 어린이는 ☐☐소년으로 구분되어 처벌을 받지 않아요.

2. 맞는 내용에는 O표, 틀린 내용에는 X표 하세요.

① 촉법소년 범죄는 해마다 줄어들고 있어요. (   )

② 국회의원을 습격한 중학생은 촉법소년이었어요. (   )

③ 촉법소년 처벌을 강화하면 범죄율이 올라간다는 연구가 있어요. (   )

3. 촉법소년에 해당하는 나이가 아닌 것은 무엇인가요?

① 만 10세   ② 만 11세   ③ 만 13세   ④ 만 15세

4. 촉법소년이 받는 보호처분에 해당하지 않는 것은 무엇인가요?

① 보호관찰　　　　② 징역

③ 사회봉사 명령　　④ 소년 보호시설 위탁

5. ☐ 안에 알맞은 말을 넣어 기사 내용을 간추려 보세요.

> 최근 ☐☐☐☐ 범죄가 늘어나면서 처벌을 강화해야 한다는 의견도 많아지고 있어요. 만 10세 이상 ☐☐세 미만의 촉법소년은 형사처벌을 받지 않고 보호처분만 받아요. 강력한 처벌이 필요하다는 의견도 많지만 처벌보다 ☐☐가 중요하다는 지적도 있어요.

종합 독해력 문제 9

1. 다음 문장의 빈칸에 알맞은 낱말을 보기에서 골라 쓰세요.

> **보기**
> 소장   교화   책정   무장

① 이스라엘은 레바논의 ☐☐ 정파 헤즈볼라를 겨냥해 공격을 개시했어요.
② 규슈대 연구실에 ☐☐ 되어 있던 곤충 표본이 우리나라로 돌아오게 되었어요.
③ 덴마크는 새로운 이민 정책에 맞추어 지원금을 ☐☐ 했어요.

2. 다음 글을 읽고 국제 인권법을 어긴 경우를 고르세요.

> 유엔(UN) 인권 최고 대표인 폴커 튀르크는 '민간인과 무장단체 구성원을 구분하지 않고 다수를 공격한 것은 국제 인권법을 어긴 행위'라고 지적했어요.

① 무선호출기를 폭파한 것   ② 레바논을 공격한 것
③ 무장단체 구성원을 공격한 것   ④ 민간인을 공격한 것

3. 다음 글을 읽고 일이 일어난 순서대로 번호를 써 보세요.

> 국립생물자원관은 석주명 선생이 1930~40년대 한반도에서 수집한 ①곤충 표본을 일본 후쿠오카의 규슈대로부터 기증받는다고 밝혔어요.
> 국립생물자원관은 지난 3월 ②규슈대 연구실에 소장된 석주명 선생의 표본을 최초로 확인한 후, ③대학 측에 그 표본이 우리나라 곤충학계에서 차지하는 의

미를 설명하고 기증의 필요성을 설득해 마침내 돌아오게 되었어요. 이번에 발견된 표본은 ④당시 일본의 곤충학자와 교류했던 석주명 선생이 규슈대 연구실에 전달한 것으로 추정돼요.

정답: (- - -)

4. 다음 ( ) 안에 어울리지 않는 이어주는 말을 고르세요.

이주민들의 실업률이 치솟아 빈부격차가 커지고 복지로 인한 국가의 재정 부담이 커지기 시작했어요. ( ) 종교와 문화가 다른 이민자들이 일으키는 사회문제도 점점 심각해지고 있어요.

① 그러므로 ② 또한 ③ 그리고 ④ 게다가

5. 촉법소년 처벌에 대해 다른 의견을 가진 사람을 고르세요. ('기사 45'를 다시 읽어 보세요.)

① 서진: 촉법소년에 대한 처벌을 강화해야 해.
② 유리: 촉법소년 제도를 폐지해야 해.
③ 해미: 처벌을 강화하는 것보다 교화가 중요해.
④ 승우: 아무리 어려도 지은 죄만큼 처벌을 받아야지.

글쓰기 9 – 장소를 소개하는 기사문 쓰기

자신이 잘 아는 장소를 소개하는 기사문을 써 보세요.

✎ 개요 짜기

내 방이나 우리 아파트처럼 익숙한 곳도 좋고, 박물관이나 놀이공원 같이 널리 알려진 곳도 좋아요. 자신이 잘 아는 장소를 골라 그곳의 위치와 구조, 장점, 이용 방법 등을 소개해 보세요.

기사문을 쓰기 전에 어떤 내용을 어떤 순서로 쓸지 아래 표 안에 간단히 적어 보세요.

제목			
전문	어디서(소개할 곳): 언제(그 장소를 이용한 날):	무엇을(소개 내용):	
본문	1문단	그곳을 소개하는 이유 (왜)	
	2문단	그곳에 가는 방법, 위치 (어떻게)	
	3문단	그곳의 구조, 장점 (어떻게)	

✍ 기사문 쓰기

위 개요표의 내용을 바탕으로 장소를 소개하는 기사문을 완성해 보세요.

제목	
전문	
본문	

글쓰기9

Week10

- **46 문화** | 괜찮아?! 한글
- **47 과학** | 고흐가 그린 물리 법칙
- **48 환경** | 화려한 불꽃축제, 동물들도 좋아할까요?
- **49 문화** | 그라모폰 2관왕에 오른 피아니스트 임윤찬
- **50 국제** | 멕시코 최초의 여자 대통령 취임

괜찮아?! 한글

2024년 10월

세종대왕[사진=픽사베이]

   문화체육관광부는 10월 4~10일 '2024 한글주간'을 맞아 다양한 행사를 열고, 일상 속 언어문화를 개선하겠다고 밝혔어요.

   문화체육관광부는 578돌* 한글날을 기념해 10월 4일부터 10일까지 광화문광장과 국립한글박물관 등에서 '괜찮아?! 한글'을 주제로 '2024 한글주간'을 개최해요. 무분별한 외국어 남용*과 과도한 줄임말, 신조어 등으로 한글이 홀대* 받고 있는 실태를 돌아보고 소중한 문화유산인 한글의 가치를 체험할 수 있도록 다양한 문화행사도 준비했어요.

   10월 4일에는 국립국어원과 한국방송공사(KBS)가 주최하는 '전 국민 받아쓰기 대회'가 경복궁 흥복전에서 열려요. 외국인 등 특별 참가자 10명과 예선을 거쳐 올라온 참가자 등 총 130명이 실력을 겨루게 돼요. 국립한글박물관에서는 가상* 한글 서당 체험과 뮤지컬 〈이도〉, 한글 패션쇼, 인형극 〈한글과 세종대왕〉 등 다양한 행사가 진행될 예정이에요.

   또 문화체육관광부와 국립국어원은 외국어와 외래어가 남용되는 데 대한 경각심*을 일깨우고 올바른 우리말에 대한 관심을 높일 실천 과제를 시행하기로 했어요. 그러기 위해 우선 외래어가 대부분인 아파트 이름과 영어, 일본어, 프랑스어 등으로 표기돼 알아보기 힘든 음식점 메뉴판을 개선할 예정이에요. 이에 따라 우리말 아파트 이름을 생각해 보는 '우리집 뭐라고 부를까' 공모전을 10월 9일부터 11월 13일까지 개최하기로 했어요. 또 가맹점 업체 버거킹과 협업*해 10월 7~9일에는 전국의 버거킹 매장 400여 곳에서 메뉴 이름을 우리말로 바꾼 전자메뉴판을 사용하게 돼요.

또 한글 주간에 행사장을 찾은 방문객 5천 명을 대상으로 카카오톡을 통해 우수 한글 그림말(이모티콘)을 무료로 배포할 계획이에요.

어휘풀이

- **돌** 어떤 일을 처음 한 날 이후로 해마다 돌아오는 그날의 횟수를 세는 단위를 나타내는 말
- **남용** 사물을 정해진 규정이나 기준을 넘어서 함부로 사용함
- **홀대** 소홀히 대접함
- **가상** 사실이 아니거나 존재하지 않는 것을 사실이거나 실제로 있는 것처럼 가정하여 생각함
- **경각심** 사태의 심각성을 깨달아 경계하고 조심하는 마음
- **협업** 많은 사람이 일정한 계획 아래 노동을 분담하여 협동적, 조직적으로 일함

생각해보기

· 한글이 홀대받고 있다고 느낄 때는 언제인가요?

_____

· 친구나 가게, 상표 이름 중에 한글로 된 것이 있는지 찾아보세요.

_____

시사상식

국립한글박물관

문화체육관광부 소속기관으로 한글박물관이라고도 부르며 서울특별시 용산구에 있어요. 우리 민족 최고의 문화유산인 한글의 문자적, 문화적 가치를 창출하고 널리 알리기 위해 2014년 10월 9일에 문을 열었어요. 한글도서관과 상설전시실, 기획전시실, 한글놀이터가 있어요. 관람 시간은 오전 10시부터 오후 8시까지, 토요일은 오전 10시부터 9시까지예요. 휴관일은 1월1일, 설날, 추석이고, 입장료는 무료예요.

깊이 읽기 신문 기사 속에서 다음 질문의 답을 찾아보세요.

1. 다음 ☐ 안에 알맞은 말을 쓰세요.

① 문화체육관광부는 ☐☐ 주간을 맞아 다양한 행사를 준비했어요.

② 10월 4일에는 경복궁 흥복전에서 전 국민 ☐☐☐☐ 대회가 열려요.

2. 맞는 내용에는 O표, 틀린 내용에는 X표 하세요.

① 전 국민 받아쓰기 대회에는 10명이 참가해서 실력을 겨뤄요. ( )

② 요즘 우리나라의 아파트 이름 대부분은 외래어로 지어요. ( )

③ 한글 주간에 행사장을 방문하면 한글 그림말(이모티콘)을 받을 수 있어요. ( )

3. 한글이 홀대받고 있다는 사실을 보여주는 예가 아닌 것은 무엇인가요?

① 받아쓰기　　　　② 외국어 남용

③ 과도한 줄임말 사용　　④ 신조어

공부한 날   월   일   요일

4. 한글박물관에서 열리는 행사가 아닌 것은 무엇인가요?

① 가상 한글 서당 체험   ② 뮤지컬 〈이도〉

③ 우리말 전자메뉴판   ④ 한글 패션쇼

5. ☐ 안에 알맞은 말을 넣어 기사 내용을 간추려 보세요.

☐☐☐☐☐☐☐는 10월 4일부터 10일 '2024 한글주간'을 맞아 다양한 행사를 열어요. ☐☐☐광장과 국립한글박물관 등에서 열리는 행사를 통해 소중한 문화유산인 ☐☐의 가치를 체험할 수 있어요. 또 아파트 이름이나 메뉴판을 우리말로 바꿀 것을 권하는 행사들도 열릴 예정이에요.

고흐가 그린 물리 법칙

2024년 10월

'별이 빛나는 밤' 연구 [자료=인시앙 마(Yinxiang Ma) 교수]

　빈센트 반 고흐의 명작으로 사람들에게 많은 사랑을 받는 그림 〈별이 빛나는 밤〉이 물리* 법칙을 바탕으로 그려졌다는 연구 결과가 나왔어요.

　지난 1일(현지 시각) 미국의 과학기술 전문지 스페이스닷컴은 중국 샤먼대 교수 용상 후앙, 인시앙 마 등이 이끄는 공동연구진의 연구 결과가 물리학 분야 국제 학술지인 「유체* 물리학(Physics of Fluids)」 9월 18일자에 실렸다고 밝혔어요. 연구진은 '반 고흐가 그린 별의 비율과 색의 밝기와 채도*가 대기의 움직임과 난류* 현상을 매우 정확하게 표현했다'고 했어요.

　연구진은 뉴욕현대미술관의 고해상도* 스캔 이미지를 바탕으로 〈별이 빛나는 밤〉 속의 별을 둘러싼 소용돌이 14개의 붓질의 크기, 간격, 모양, 물감 색의 밝기를 측정했어요. 이를 통해 대기의 특성과 형태, 에너지 등을 조사하고 그림 속에 숨겨진 난류와 카오스 현상을 분석했어요. 그리고 실제 별을 관측했을 때의 난류 현상과 비교한 거예요.

　그 결과 이 그림이 '콜모고로프 난류 이론'과 일치하는 것으로 확인됐어요. 콜모고로프 난류 이론은 러시아의 수학자 안드레이 콜모고로프가 제시한 것으로 난류가 복잡하게 움직이지만 속도와 압력 등 물리적 변수를 통계적으로 파악할 수 있으며, 큰 난류와 작은 난류는 서로 다른 특성을 가진 상태로 특정 거리와 방향에서 속도 변동이 일관되게 나타난다는 내용이에요.

연구진의 용상 후앙 교수는 '이번 연구를 통해 반 고흐의 그림이 난류에 대해 정확하게 표현하고 있어 그가 자연현상에 대한 깊고 직관적인 이해가 있었음을 알 수 있다'고 말했어요. '고흐가 구름과 대기의 움직임을 오랫동안 관찰하며 연구했거나 하늘의 역동성을 포착하는 본능적 감각이 있었던 것 같다'고도 했어요.

어휘풀이

- **물리** 자연의 물리적 성질과 현상, 구조 등을 연구하고 물질들 사이의 관계와 법칙을 밝히는 자연과학의 한 부문
- **유체** 기체와 액체를 통틀어 이르는 말
- **채도** 색의 선명한 정도
- **난류** 유체의 각 부분이 시간적, 공간적으로 불규칙하게 움직이면서 서로 섞이는 흐름
- **고해상도** 텔레비전이나 사진에서 피사체의 세부가 선명하게 재현되는 정도가 높음
- **변수** 어떤 관계나 범위 안에서 여러 가지 값으로 임의로 변할 수 있는 수

생각해보기

· 고흐의 그림 〈별이 빛나는 밤〉을 찾아서 자세히 보고 느낀 점을 말해 보세요.

· 명화 속에서 과학 이론을 발견하는 과학자들에 대해 어떻게 생각하나요?

시사상식

카오스(chaos)

무질서, 혼돈, 무한이라는 뜻을 갖고 있어요. 카오스 이론(chaos theory)은 혼돈 이론이라고도 하며 무질서하게 보이는 혼돈 상태에도 논리적 법칙이 존재한다는 이론이에요. 카오스 이론은 기체나 액체가 움직이는 난류를 예측해 기상을 예측하는 데에 주로 쓰여요. 우리 몸의 생체 신호에서도 카오스 현상을 찾을 수 있어요.

깊이 읽기 신문 기사 속에서 다음 질문의 답을 찾아보세요.

1. 다음 ☐ 안에 알맞은 말을 쓰세요.

① 고흐의 「별이 빛나는 밤」이 ☐☐ 법칙을 바탕으로 그려졌다는 연구 결과가 나왔어요.

② 이 그림은 대기의 움직임과 ☐☐ 현상을 정확하게 표현했다고 해요.

2. 맞는 내용에는 O표, 틀린 내용에는 X표 하세요.

① 이번 연구는 미국의 대학교수들을 중심으로 한 공동 연구였어요. (   )

② 연구진은 뉴욕현대미술관에 있는 고해상도 스캔 이미지를 바탕으로 측정했어요. (   )

③ 고흐의 이 그림은 난류를 정확하게 표현하고 있어요. (   )

3. 이번 연구의 대상이었던 고흐의 그림 제목은 무엇인가요?

① 모나리자   ② 별이 빛나는 밤   ③ 해바라기   ④ 자화상

4. 연구진들이 측정하거나 분석한 것이 아닌 것은 무엇인가요?

① 붓질의 크기와 간격   ② 물감 색의 밝기

③ 바닷물의 온도와 흐름   ④ 대기의 특성과 형태

5. ☐ 안에 알맞은 말을 넣어 기사 내용을 간추려 보세요.

빈센트 반 ☐☐의 그림 '별이 빛나는 밤'이 물리 법칙을 바탕으로 그려졌다는 연구 결과가 나왔어요. 국제 학술지 「유체 물리학」에 실린 연구 결과에 따르면 고흐가 그린 별을 둘러싼 ☐☐☐☐가 실제 별을 관측했을 때의 난류 현상과 같았어요. 이 연구 결과는 고흐가 ☐☐ 현상에 대해 깊은 이해가 있었음을 알려줘요.

환경

화려한 불꽃축제, 동물들도 좋아할까요?

2024년 10월

불꽃축제[사진=픽사베이]

매년 10월 첫째 토요일에는 서울 여의도한강공원에서 '서울세계불꽃축제'가 열려요. 올해도 100만 명 이상의 시민들이 10만 발* 이상의 불꽃이 만들어내는 화려한 풍경을 관람했어요.

서울뿐 아니라 부산이나 여수 같은 도시에서도 해마다 불꽃축제가 열려요. 그런데 불꽃놀이가 환경에 미치는 영향을 생각해 보고 불꽃축제를 대신할 다른 행사를 마련해야 한다는 주장도 있어요.

뉴질랜드의 한 조사 결과에서는 반려동물의 74.5%가 불꽃놀이에 두려움 반응을 보인 것으로 나타났어요. 개와 고양이의 청력*이 사람보다 뛰어나고 진동에도 민감하기 때문에 불꽃축제는 반려동물들에게 즐거움보다는 공포심을 줄 수 있다는 것이에요.

대규모 불꽃놀이 행사는 새들에게도 안 좋은 영향을 줄 수 있어요. 새들은 야간*에 장거리 이동을 하는 경우가 많은데 불꽃축제 때 강한 빛과 소음, 진동이 발생하면 새들이 이동 경로를 벗어나 다른 장소에 불시착*했다가 에너지 고갈*로 죽을 수도 있다고 해요.

또한 화학 물질과 중금속 배출로 공기의 질이 나빠지는 것도 문제예요. 불꽃놀이는 화약에 불을 붙여 쏘아 올리는 방식이기 때문에 이 과정에서 이산화탄소, 산화질소 같은 화학 물질과 스트론튬, 구리 등의 중금속도 함께 배출돼요. 불꽃놀이가 시작되면 공기 중의 초미세먼지 수치가 높아지는 것은 당연한 일이에요.

다른 나라에서는 불꽃놀이를 없애고 대체 행사를 열기도 해요. 미국 유타주, 콜로라도주 등은 대기 오염과 화재 위험 등의 문제를 줄이기 위해 독립기념일마다 열리던 대규모 불꽃놀이를 '드론 쇼'로 대체했어요. 우리나라 지자체 중에는 환경을 생각해 불꽃놀이를 레이저쇼로 바꾼 곳도 있어요.

어휘풀이

- **발** 탄알을 세는 단위를 나타내는 말
- **청력** 귀로 소리를 듣는 능력
- **야간** 해가 진 뒤부터 먼동이 트기 전까지의 동안
- **불시착** 비행기가 기관 고장이나 기상 악화, 연료 부족 따위의 예상치 않은 장애로 인해 지정되지 않은 곳에 착륙함
- **고갈** 물자나 자금 등이 매우 귀해져서 달리거나 없어짐
- **중금속** 비중이 4~5 이상인 금속을 통틀어 이르는 말

생각해보기

· 사람들이 불꽃축제에 몰리는 이유는 무엇일까요?
___

· 불꽃축제 외에도 환경을 생각해 바꾸거나 없앴으면 하는 행사가 있나요?
___

시사상식

중금속(重金屬)

한자를 풀이하면 무거운 금속이라는 뜻으로 밀도나 원자량이 높은 금속들을 가리켜요. 철, 아연, 코발트 같은 일부 중금속은 우리 몸에 꼭 필요하지만 높은 독성을 가진 중금속들은 건강에 해로워요. 통조림 캔, 페인트, 배터리, 방부제, 염색약 등에 들어있는 납, 카드뮴, 수은 같은 중금속들은 일상에서 우리가 쉽게 접하게 되니 주의가 필요해요.

깊이 읽기 신문 기사 속에서 다음 질문의 답을 찾아보세요.

1. 다음 ☐ 안에 알맞은 말을 쓰세요.

① 매년 10월 여의도한강공원에서는 서울세계☐☐축제가 열려요.

② 불꽃놀이가 ☐☐에 미치는 영향을 생각해야 한다는 주장도 있어요.

2. 맞는 내용에는 ○표, 틀린 내용에는 X표 하세요.

① 환경에 대한 걱정 때문에 올해 서울세계불꽃축제 관람객이 크게 줄었어요. (   )

② 반려동물의 74.5%가 불꽃놀이를 즐거워 해요. (   )

③ 미국에서는 불꽃놀이를 드론 쇼로 바꾼 곳도 있어요. (   )

3. 대규모 불꽃놀이 행사가 새들에게 주는 안 좋은 영향이 아닌 것은 무엇인가요?

① 빛　　② 소음　　③ 진동　　④ 냄새

4. 불꽃놀이 과정에서 배출되는 물질이 아닌 것은 무엇인가요?

① 산소   ② 이산화탄소   ③ 스트론튬   ④ 구리

5. ☐ 안에 알맞은 말을 넣어 기사 내용을 간추려 보세요.

> 매년 ☐☐월에 열리는 세계서울불꽃축제는 많은 관람객이 찾는 화려한 행사예요. 그런데 불꽃놀이 할 때 발생하는 강한 ☐과 소음, 진동 때문에 ☐☐동물이나 새들에게 안 좋은 영향을 미칠 수 있어요. 그래서 환경을 생각해 불꽃축제를 대신할 다른 행사를 마련해야 한다는 주장이 있어요.

그라모폰 2관왕에 오른 피아니스트 임윤찬

2024년 10월

그라모폰 클래식 어워즈 수상자 임윤찬 [사진=임윤찬 인스타그램]

우리나라의 피아니스트 임윤찬(20)이 세계적인 클래식 음반* 시상식인 영국 '그라모폰 클래식 뮤직 어워즈'에서 2관왕에 올랐어요.

임윤찬은 2일(현지 시각) 저녁 런던에서 열린 시상식에서 '쇼팽:에튀드*'로 피아노 부문과 젊은 예술가 부문에서 수상했어요. 우리나라 피아니스트가 그라모폰에서 수상한 것은 처음이에요.

영국의 권위 있는 클래식 전문 잡지 그라모폰은 1977년부터 해마다 그해 최고로 꼽은 음반에 대해 시상해 오고 있어요. 우리나라에서는 바이올리니스트 정경화, 첼리스트 장한나가 수상한 적 있어요.

올해 피아노 부문 최종* 후보 앨범 3개 중에는 임윤찬의 앨범*이 2개나 올랐어요. '쇼팽:에튀드'와 '초절기교 연습곡'이에요. 그라모폰 시상식에서 한 피아니스트가 2개의 음반을 동시에 최종 후보로 올린 것도 임윤찬이 처음이에요. 1, 2위가 모두 임윤찬에게 돌아갔어요.

'쇼팽:에튀드'는 임윤찬이 쇼팽의 에튀드 27개 중 24개를 연주한 앨범으로 지난 4월 발매했어요. 발매 직후 영국 스페셜리스트 클래식 주간 차트 1위를 차지하는 등 호평을 받았어요. 그라모폰 측은 '임윤찬은 경이로운 기술이 뒷받침되는 천부적 재능과 탐구적 음악가 정신을 지닌 피아니스트'라고 평했어요.

임윤찬은 별도로 전한 소감문에서 '이런 큰 상을 받아야 할 사람들은 제 가족, 선생님, 에이전시, 위대한 예술가들 그리고 제 친구들'이라고 겸손하게 말했어요. '음악을 만들어 나간다는 것은, 세상은 모든 것들이 연결돼 있기 때문에 제가 살아오면서 경험하고 듣고 느낀 것들을 포함해 사소한 모든 것이 표현되는 것'이라는 소감을 전했어요.

어휘풀이

- **음반** 음악이나 음성 따위를 녹음해서 오디오 기기에 넣어 소리를 들을 수 있게 만든 둥그런 모양의 판
- **에튀드** 기악 또는 성악에서, 기교의 연습을 위하여 만든 곡
- **최종** 맨 나중
- **앨범** 여러 곡의 노래 또는 연주곡 따위를 하나로 묶어 만든 물건. 테이프, 레코드판, 시디, 파일 등이 있음
- **발매** 상품 따위를 내어 팖
- **호평** 좋게 평함

생각해보기

· 클래식 음악을 즐겨 듣나요? 그 이유는 무엇인가요?

· 임윤찬의 수상 소감문을 읽고 느낀 것을 말해 보세요.

시사상식

임윤찬

2022년 반 클라이번 국제 피아노 콩쿠르에서 역대 최연소 나이인 18세로 우승한 우리나라의 피아니스트예요. 7살 때 어머니의 권유로 피아노를 배우기 시작해 예원학교 음악과를 전체 수석으로 졸업했어요. 한국예술종합학교 재학 중이던 2022년, 반 클라이번 콩쿠르에서 베토벤 피아노 협주곡 3번과 라흐마니노프 피아노 협주곡 3번을 연주하여 최종 우승을 거머쥐었어요. 2024년 4월 쇼팽의 에튀드 연주 앨범을 발매하며 '심장을 울리는 음악을 하고 싶다'고 했어요.

깊이 읽기 신문 기사 속에서 다음 질문의 답을 찾아보세요.

1. 다음 ☐ 안에 알맞은 말을 쓰세요.

　① 우리나라 피아니스트 임윤찬이 ☐☐☐☐ 클래식 뮤직 어워즈에서 2관왕에 올랐어요.

　② 피아노 부문에서 올해 최고 음반으로 꼽힌 그의 음반은 '☐☐:에튀드'예요.

2. 맞는 내용에는 O표, 틀린 내용에는 X표 하세요.

　① 우리나라 음악가가 그라모폰 어워즈에서 수상한 것은 처음이에요. ( )

　② 피아노 부문 2위 음반도 임윤찬의 앨범이었어요. ( )

　③ 임윤찬은 수상 소감에서 자신의 특별한 실력과 고된 연습 시간에 대해 말했어요. ( )

3. 올해 그라모폰 클래식 뮤직 어워즈 피아노 부문 수상자는 누구인가요?

　① 임윤찬　② 조성진　③ 정경화　④ 장한나

| 공부한 날 | 월 | 일 | 요일 |

4. 임윤찬은 피아노 부문 상 외에 어떤 상을 또 받았나요?

① 신인 부문　　　② 경이로운 도전 부문

③ 젊은 예술가 부문　　　④ 국제적인 공로 부문

5. ☐ 안에 알맞은 말을 넣어 기사 내용을 간추려 보세요.

우리나라의 ☐☐☐☐☐☐ 임윤찬이 세계적인 클래식 음반 시상식인 그라모폰 클래식 뮤직 어워즈에서 2관왕에 올랐어요. '쇼팽:에튀드'로 ☐☐☐ 부문과 젊은 예술가상을 받은 거예요. 우리나라 클래식 음악가로서는 바이올리니스트 ☐☐☐, 첼리스트 장한나에 이어 세 번째 그라모폰 어워즈 수상이에요.

국제

멕시코 최초의 여자 대통령 취임

2024년 10월

멕시코 국기[사진=픽사베이]

10월 1일(현지 시각) 멕시코의 첫 여성 대통령이 취임했어요. 클라우디아 셰인바움 대통령은 이날 멕시코시티의 연방의회의사당에서 취임식을 갖고 6년 임기를 시작했어요.

멕시코는 남성 우월주의 성향이 강해 1824년 헌법이 제정된 이래 올해 처음으로 여성 대통령이 탄생한 거예요. 미국과 국경을 접하고 있는 멕시코는 여성의 참정권이 보장된 것은 미국보다 33년이나 늦었지만 미국보다 먼저 여성 대통령을 배출했어요.

클라우디아 셰인바움은 취임식에서 "이제 변화의 시대이자 여성을 위한 시간"이라고 말하고 "처음으로 우리 여성들이 아름다운 나라의 운명을 이끄는 곳에 도착했다. 나 혼자 온 것이 아니라 꿈을 이루기 위해 싸워온 여성들, 여성이라는 이유로 글을 배우지 못한 조상들, 생명을 싹틔운 어머니들, 아름다운 딸들까지 우리 모두가 도착한 것"이라고 했어요.

셰인바움은 멕시코 최고의 명문대인 멕시코 국립자치대학교에서 에너지공학 박사학위를 받았고, 전 대통령과 달리 영어에도 능통해요. 그가 참여했던 '기후 변화에 관한 정부 간 협의체'는 노벨평화상을 수상하기도 했어요. 그는 멕시코시티의 환경부 장관을 거쳐 멕시코시티 시장까지 '여성 최초' 기록을 연달아 세워왔어요.

멕시코는 인구 1억 3,000만 명에 빈곤율*이 36%에 가까운 나라예요. 또한 최근 한 지방 도시의 시장이 취임한 지 6일 만에 피살되기도 할 만큼 치안*이 불안한 나라이기도 해요. 셰인바움은 취임식에서 휘발유, 식료품 가격 제한, 여성과 어린이를 위한 현금 지급 확대, 공공의료 확대 등 자신이 임기 중에 추진할 주요 정책들을 소개했어요. 또한 세계에서 가장 높은 여성 살해율을 기록하고 있는 국가에서 여성을 보호하기 위해 노력할 것이라고 강조했어요.

어휘풀이
- **취임** 맡은 자리에 직무를 수행하러 처음으로 나아감
- **우월주의** 실력이나 수준 따위가 남보다 훨씬 뛰어나다는 태도
- **참정권** 국민이 국가 기관의 구성원으로서 정치 활동에 직간접적으로 참여할 수 있는 권리
- **배출** 밖으로 내보냄
- **빈곤율** 가난하여 살기가 어려운 가구나 사람의 비율
- **치안** 국가와 사회의 안녕과 질서를 유지하고 보전함

생각해보기

· 셰인바움 대통령에게 축하 인사로 어떤 말을 해주고 싶은가요?

· 내가 우리나라의 대통령이라면 가장 먼저 해결하고 싶은 일은 무엇인가요?

시사상식

멕시코(Mexico)
북아메리카 남쪽 끝에 자리한 멕시코의 북쪽에는 미국, 남동쪽에는 벨리즈, 과테말라가 있어요. 마야, 아스텍 문명을 꽃피웠던 멕시코는 1521년부터 스페인의 지배를 받아 지금도 스페인어를 사용해요. 매년 10월 31일부터 11월 2일 사이에 열리는 '죽은 자의 날'이라는 축제가 유명한데 이는 픽사 애니메이션 '코코'에서도 볼 수 있어요. 멕시코 음식 중에는 칠리소스, 타코, 브리또, 엔칠라다 등이 세계인들에게 널리 사랑받고 있어요.

깊이읽기 신문 기사 속에서 다음 질문의 답을 찾아보세요.

1. 다음 ☐ 안에 알맞은 말을 쓰세요.

① 10월 1일 멕시코의 첫 ☐☐ 대통령이 취임했어요.

② 멕시코는 남성 ☐☐☐☐ 성향이 강한 나라였어요.

2. 맞는 내용에는 O표, 틀린 내용에는 X표 하세요.

① 멕시코 대통령의 임기는 5년이에요. (　)

② 클라우디아 셰인바움은 멕시코시티의 환경부 장관이었어요. (　)

③ 멕시코는 빈곤율이 높고 치안이 불안한 나라예요. (　)

3. 멕시코에 대한 설명으로 틀린 것은 무엇인가요?

① 미국과 국경을 접하고 있어요.

② 미국보다 먼저 여성 대통령을 배출했어요.

③ 미국보다 먼저 여성의 참정권을 보장했어요.

④ 인구가 1억 3,000만 명이에요.

4. 셰인바움이 취임식에서 소개한 새 정책이 아닌 것은 무엇인가요?

① 휘발유, 식료품 가격 제한　　② 대중교통 확대

③ 여성과 어린이를 위한 현금 지급 확대　　④ 공공의료 확대

5. ☐ 안에 알맞은 말을 넣어 기사 내용을 간추려 보세요.

10월 1일 ☐☐☐의 새 대통령이 취임했어요. 클라우디아 셰인바움 대통령은 남성 우월주의 성향이 강한 멕시코의 첫 여성 대통령이에요. 셰인바움은 취임식에서 주요 ☐☐들을 소개하면서 ☐☐ 보호를 위해 노력하겠다고 강조했어요.

종합 독해력 문제 10

1. 다음 중 한자어나 외래어가 아닌 우리말 단어를 고르세요.

① 일상 ② 언어 ③ 돌 ④ 홀대

2. 다음 낱말들의 뜻을 찾아 줄로 이어주세요.

① 남용 ·　　　　　· ㉠ 기체와 액체를 통틀어 이르는 말
② 유체 ·　　　　　· ㉡ 사물을 정해진 규정이나 기준을 넘어서 함부로 사용함
③ 고갈 ·　　　　　· ㉢ 음악이나 음성을 녹음해 만든 둥그런 모양의 판
④ 음반 ·　　　　　· ㉣ 물자나 자금 등이 매우 귀해져서 달리거나 없어짐

3. 다음 조사 결과에 대한 설명 중 잘못된 것은 무엇인가요?

> 뉴질랜드의 한 조사 결과에서는 반려동물의 74.5%가 불꽃놀이에 두려움 반응을 보인 것으로 나타났어요. 개와 고양이의 청력이 사람보다 뛰어나고 진동에도 민감하기 때문에 불꽃축제는 반려동물들에게 즐거움보다는 공포심을 줄 수 있다는 것이에요.

① 이 조사는 뉴질랜드 반려동물을 대상으로 실시했어요.
② 반려동물의 74.5%가 불꽃놀이에 두려움 반응을 보였어요.
③ 반려동물들은 청력이 뛰어나고 진동에도 민감해요.
④ 불꽃놀이는 25.5%의 동물들에게 공포심을 주었어요.

4. 올해 그라모폰에서 피아노 부문 2위를 차지한 앨범 제목을 찾아 쓰세요.

임윤찬은 2일 저녁 런던에서 열린 그라모폰 시상식에서 '쇼팽:에튀드'로 피아노 부문 1위 상을 받았어요. 우리나라 피아니스트가 그라모폰에서 수상한 것은 처음이에요. 올해 피아노 부문 최종 후보 앨범 3개 중에는 임윤찬의 앨범이 2개나 올랐어요. '쇼팽:에튀드'와 '초절기교 연습곡'이에요. 1, 2위가 모두 임윤찬에게 돌아갔어요.

정답: _____

5. 다음 설명에 해당하는 나라 이름을 쓰세요.

- 북아메리카 남쪽 끝에 위치함
- 마야, 아스텍 문명을 꽃피움
- 칠리소스, 타코, 브리또 같은 음식이 널리 알려짐
- 올해 첫 여성 대통령이 취임함

정답: ☐☐☐

글쓰기 10 – 물건 사용법을 설명하는 기사문 쓰기

물건 사용법을 설명하는 기사문을 써 보세요.

✏️ 개요 짜기

스마트폰, 에어컨, 세탁기 같은 전자제품이나 보드게임, 킥보드 또는 학용품의 사용 방법을 기사문 형식의 글로 설명해 보세요. 그 물건을 사용해 본 적이 없는 사람에게 알려준다고 생각하고 이해하기 쉽게 써 보세요.

기사문을 쓰기 전에 어떤 내용을 어떤 순서로 쓸지 아래 표 안에 간단히 적어 보세요.

제목			
전문	무엇을(설명할 물건): 어디서(그 물건을 사용하는 곳): 언제(그 물건을 사용하는 때):		
본문	1문단	그 물건을 설명하는 이유 (왜)	
	2문단	그 물건의 생김새, 사용법 (어떻게)	
	3문단	그 물건을 사용할 때 주의할 점 (어떻게)	

✍ 기사문 쓰기

위 개요표의 내용을 바탕으로 물건 사용법을 설명하는 기사문을 완성해 보세요.

제목	
전문	
본문	

Week11

- **51** 사회 | 초연결 사회의 함정
- **52** 사회 | 전동 킥보드 탈 때 헬멧 꼭 쓰세요
- **53** 과학 | 로켓을 잡아 세운 젓가락 팔
- **54** 사회 | 맹견 키우려면 허가 받으세요
- **55** 문화 | 한강, 2024 노벨문학상 수상

초연결 사회의 함정

2024년 7월

인터넷 오류 [자료=픽사베이]

    7월 19일 세계 여러 나라에서 항공, 통신, 금융, 의료 시스템이 마비되는 사태가 발생했어요. 미국의 한 사이버 보안 기업이 바이러스 백신 소프트웨어를 업데이트하는 과정에서 윈도 운영체제와 충돌을 일으켜 오류가 발생했다고 밝혔어요.

    로이터통신에 따르면 이날 미국, 영국, 독일, 네덜란드, 호주, 홍콩, 일본 등 전 세계 여러 공항에서 항공권 발권 및 체크인 시스템이 중단됐어요. 이로 인해 비행기의 이륙이 취소되거나 항공권 발권이 계속해서 지연돼 비행기를 탈 수 없게 된 승객들로 공항이 아수라장이 됐어요.

    금융권도 영향을 받았어요. 영국과 이탈리아 등의 증권거래소에서 증권시장의 주요 지수를 산정하는 시간이 20~30분간 지연됐고, 호주와 남아프리카공화국 은행에서도 전산장애가 있었어요.

    영국에서는 공공의료 시스템 전산망이 중단되는 바람에 수술실의 의료진이 환자의 의료 기록을 볼 수 없게 되거나 환자들이 진료 예약을 하지 못했어요. 미국 알래스카주에서는 911 긴급 전화망이 끊겼고, 방송사와 이동통신사도 업무에 차질이 생겼어요.

우리나라에서는 일부 저가항공사 등 기업 10곳에서 피해가 발생했지만 다른 나라에 비해 피해가 적었어요. 이번에 문제가 된 사이버 보안기업의 바이러스 백신 소프트웨어는 우리나라에서 잘 이용되지 않는 제품이었기 때문이에요.

하지만 우리나라도 안심해서는 안 된다는 지적이 나오고 있어요. 이번 사태가 '초연결 사회'의 취약성*을 보여주기 때문이에요. 사고의 피해가 전 세계적으로 확산된 것은 클라우드(가상 서버) 때문이라고 해요. 클라우드는 외부 저장 공간에 데이터와 시스템을 구축해 놓고, 필요할 때 인터넷 등으로 접속해 사용하는 것이에요. 클라우드는 사람과 사물, 서비스 등 모든 것이 이어지는 '초연결 사회'의 핵심 역할을 해요. 하지만 어느 한 곳에서 오류가 발생하는 순간 피해가 걷잡을 수 없이 커지는 재난을 가져올 수도 있어요.

어휘풀이

- **보안** 비밀 따위가 누설되지 않게 보호함
- **발권** 지폐 또는 돈이나 물품과 교환할 수 있는 종이로 된 증서를 발행함
- **체크인** 공항에서 승객이 항공기에 탑승하기 위해 밟는 절차
- **지연** 일 따위가 더디게 진행되거나 늦어짐
- **산정** 셈하여 정함
- **취약성** 무르고 허약한 성질

생각해보기

· 전 세계가 연결되어 있다고 느낄 때는 언제인가요?

· 초연결 사회의 장점과 단점을 말해 보세요.

시사상식

초연결 사회

초연결 사회는 전 세계 사람들이 디지털 기술을 통해 시간과 공간의 제약 없이 서로 연결되는 사회를 말해요. 더 나아가 사람과 사람, 사람과 사물, 온라인과 오프라인이 긴밀하게 연결되는 사회를 가리켜요. 온라인 학습, 원격 진료, 재택근무 등은 우리가 초연결 사회에서 누리는 편리한 일상이에요. 그러나 모든 것이 연결되어 있어 원치 않는 개인정보가 유출되거나 해킹, 저작권 피해 등 걱정스러운 일도 많이 생겨요.

깊이 읽기 신문 기사 속에서 다음 질문의 답을 찾아보세요.

1. 다음 ☐ 안에 알맞은 말을 쓰세요.

　① 세계 여러 나라에서 항공, 통신, 금융, 의료 시스템이 ☐☐되는 사태가 발생했어요.

　② 이로 인해 비행기의 ☐☐이 취소되거나 항공권 발권이 계속해서 지연됐어요.

2. 맞는 내용에는 O표, 틀린 내용에는 X표 하세요.

　① 이번 사태는 미국의 한 사이버 보안기업이 소프트웨어를 업데이트하는 과정에서 시작됐어요. (　)

　② 이번 사태는 병원 시스템과는 관련이 없었어요. (　)

　③ 이번 사고의 피해가 커진 것은 클라우드(가상 서버) 때문이라고 해요. (　)

3. 항공 시스템이 중단된 나라로 기사 속에 나오지 않은 나라는 어디인가요?

　① 미국　② 영국　③ 네덜란드　④ 포르투갈

4. 이번 사태가 영향을 미친 분야가 아닌 것은 어느 것인가요?

① 항공　② 통신　③ 금융　④ 전통시장

5. ☐ 안에 알맞은 말을 넣어 기사 내용을 간추려 보세요.

세계 여러 나라에서 항공, 통신, 금융, 의료 ☐☐☐이 마비되는 사태가 발생했어요. 이 사고의 원인은 미국의 한 보안기업에서 발생한 사고였지만 대부분의 기업이 이용하는 ☐☐☐☐(가상 서버) 때문에 순식간에 전 세계적으로 큰 피해를 주었어요. 이처럼 ☐☐☐ 사회에서는 작은 오류가 전 세계적인 재난을 가져올 수도 있어요.

사회

전동 킥보드 탈 때 헬멧 꼭 쓰세요

2024년 10월

전동킥보드[사진=픽사베이]

전동˚ 킥보드 등 개인형 이동장치를 타다가 다쳐서 응급실을 찾은 환자 4명 중 3명은 헬멧을 쓰지 않은 것으로 나타났어요. 또 개인형 이동장치를 타다 응급실을 찾은 환자 10명 중 9명은 전동 킥보드 이용자였어요.

질병관리청은 31일 『손상 발생 현황: 손상 팩트북』을 발간했어요. 여기에는 국내 손상 통계˚ 자료를 분석한 결과가 실려 있어요. 손상이란 질병을 제외한 각종 사고, 재해˚, 중독 등 외부 위험 요인에 의해 발생하는 신체적·정신적 건강상의 문제 또는 그 후유증˚을 말해요.

최근 1년간 의료기관˚에서 치료를 받은 손상 경험자는 288명, 입원 환자는 144만 명이었어요. 손상으로 인한 입원과 사망자 수가 지난해보다 늘었는데, 이는 코로나19 확산 이후 단계적 일상 회복 시기를 거치면서 외부 활동이 늘어났기 때문인 것으로 분석돼요.

이번 통계에는 개인형 이동장치 이용에 대한 간이 조사 결과도 실려 있어요. 개인형 이동장치로 인한 손상 환자는 1,258명으로, 15~24세가 40.4%로 가장 많았어요. 개인형 이동장치 손상 환자의 대부분인 86.3%는 전동 킥보드를 이용했고, 전기 자전거를 이용한 환자는 10.2%였어요. 헬멧을 착용하지 않은 환자는 75%였고, 환자의 47%는 운전면허를 갖고 있었지만 18.3%는 운전면허 없이 무면허 운전을 했던 것으로 나타났어요.

질병관리청은 '개인형 이동장치로 인한 손상은 헬멧 등 안전 보호구 착용만으로도 큰 예방 효과를 거둘 수 있는 만큼 관련 교육 및 홍보를 실시하는 것이 중요하다'고 했어요. 또한 '이를 위해 안전 수칙을 개발하고 있고, 내년에 국가손상정보 포털이나 SNS 등을 통해 전국에 배포할 예정'이라고 밝혔어요.

어휘풀이

- **전동** 전기의 힘으로 움직이는 것
- **통계** 수집된 자료를 정리하여 일정한 체계에 따라 숫자로 나타냄
- **재해** 가뭄, 대화재, 전염병, 지진, 태풍, 해일, 홍수 따위로 인하여 일어나는 갑작스러운 재난
- **후유증** 병을 앓고 난 뒤에 남아 있는 병의 징후
- **의료기관** 의료인이 사람들을 위해 의료 행위를 베푸는 곳
- **보호구** 보호를 위한 설비나 도구

생각해보기

· 많은 사람이 헬멧을 착용하지 않고 전동 킥보드를 타는 이유는 무엇일까요?

· 헬멧 착용 교육이나 홍보 외에 전동 킥보드 관리에 필요한 것을 생각해 보세요.

시사상식

전동 킥보드

개인형 이동장치의 하나로 모터가 달린 킥보드를 가리키며 전동 스쿠터라고도 해요. 도로교통법에 따르면 전동 킥보드를 타기 위해서는 만 13세 이상이어야 하고 미성년자는 보호자 동의서를 제출해야 해요. 자전거 도로를 이용하는 것이 좋으며 자전거 도로가 없는 경우 일반도로의 가장 오른쪽에 붙어 가야 해요. 반드시 헬멧을 착용하고 적당한 속도로, 자동차와 마찬가지로 신호등을 준수하여 타야 해요.

깊이읽기 신문 기사 속에서 다음 질문의 답을 찾아보세요.

1. 다음 ☐ 안에 알맞은 말을 쓰세요.

① 개인형 이동장치를 타다가 다쳐 응급실을 찾은 환자 75%는 ☐☐을 쓰지 않았어요.

② ☐☐☐☐☐은 『손상 발생 현황: 손상 팩트북』을 발간했어요.

2. 맞는 내용에는 O표, 틀린 내용에는 X표 하세요.

① 개인형 이동장치를 타다 응급실을 찾은 환자 10명 중 1명은 전동 킥보드 이용자였어요. (   )

② 개인형 이동장치로 인한 손상 환자 중에는 15~24세가 가장 많았어요. (   )

③ 질병관리청은 개인형 이동장치 이용 안전 수칙을 개발하고 있어요. (   )

3. '질병을 제외한 각종 사고, 재해 등으로 인해 발생하는 건강상의 문제'는 무엇인가요?

① 손상   ② 부상   ③ 찰과상   ④ 증상

4. 개인형 이동장치로 인한 손상을 예방하는 데 중요한 것은 무엇인가요?

　　① 대중교통 이용　　　② 안전 보호구 착용

　　③ 전기 자전거 이용　　④ 운전면허증 소지

5. ☐ 안에 알맞은 말을 넣어 기사 내용을 간추려 보세요.

> 질병관리청이 발간한 『☐☐ 발생 현황:손상 팩트북』에는 ☐☐☐ 이동장치 이용에 대한 조사 결과가 실려 있어요. 이 통계를 보면 개인형 이동장치를 타다 병원을 찾은 사람 중 86.3%가 전동 ☐☐☐를 탔으며 75%는 헬멧을 쓰지 않는 것으로 나타났어요.

로켓을 잡아 세운 젓가락 팔

2024년 10월

스페이스X 우주선 [사진=픽사베이]

일론 머스크의 우주기업 '스페이스X'가 대형 우주선의 다섯 번째 시험비행에 성공했어요. 달·화성 탐사를 목표로 개발한 우주선 '스타십'이 지구 궤도 시험비행을 위해 발사된 거예요.

스페이스X는 지난 13일(현지 시각) 미국 텍사스주 남부 보카치카 해변의 우주 발사 시설 '스타베이스'에서 '스타십'을 발사하는 장면을 온라인으로 생중계했어요. 발사 약 3분 후 발사체의 1단 부분인 수퍼헤비 로켓이 우주선 '스타십'에서 순조롭게 분리되었어요. 그리고 발사 7분 후 우주에서 지구로 돌아와 수직 착륙하는 데 성공했어요.

이때 발사탑의 '젓가락 팔'이 수퍼헤비를 공중에서 잡는 기술이 사용되었어요. 로봇으로 만들어진 이 2개의 젓가락 팔은 영화 속 괴물 고질라의 이름을 따 '메카질라'라고 불려요. 수퍼헤비를 젓가락 팔로 잡아 파손 없이 온전히 회수하는 데 성공함에 따라 로켓을 재활용할 수 있는 가능성이 열렸어요. 이것은 우주선 발사 비용을 획기적으로 줄일 수 있는 기술이에요.

'스타십'의 2단 부분인 우주선도 계획대로 약 75분간의 비행에 성공했어요. '스타십' 우주선은 고도 201km에 도달해 예정된 지구 궤도 항로를 비행한 뒤 40여 분 후 다시 대기권에 진입해 바다에 착수하여 무사히 비행을 마쳤어요.

스페이스X는 지난해와 올해 네 차례에 걸쳐 스타십의 지구 궤도 시험비행을 시도했으나 모두 완전히 성공하지는 못했어요. 하지만 이번 5차 시험비행에서 중요한 목표 두 가지를 모두 달성하며 성공한 거예요.

일론 머스크는 이번 비행 성공에 대해 "(인류가) 여러 행성에서 살 수 있게 하기 위한 큰 발걸음이 오늘 이루어졌다"라고 평가했어요. 머스크는 화성을 개척해 인류가 이주할 수 있게 한다는 목표로 스타십을 개발해 왔어요.

어휘풀이
- **발사체** 로켓이나 우주선 등을 지구 궤도 또는 지구 중력장 밖으로 쏘아 올리는 장치
- **로켓** 고온 고압의 가스를 발생·분출시켜 그 반동으로 추진하는 장치
- **수직** 물체를 실에 매달아 드리웠을 때 그 실이 보이는 방향
- **고질라** 일본 영화 〈고지라〉를 리메이크한 미국 영화 〈고질라〉에 등장하는 괴물
- **회수** 내준 것을 도로 거두어들임
- **착수** 수상 비행기 따위가 물 위에 내림

생각해보기

· 로봇 젓가락 팔이 로켓을 잡아 회수하는 기술은 어떤 효과가 있나요?

· 화성을 개척해 인류가 이주할 수 있게 한다는 일론 머스크의 목표에 대해 어떻게 생각하나요?

시사상식

스페이스X(SpaceX)

2002년 일론 머스크가 설립한 미국의 민간 우주탐사 기업이에요. 발사체, 우주선, 소형 인공위성 등을 만들고, 우주선 발사 대행, 위성 인터넷 사업을 주로 하고 있어요. 우주로 가는 데 드는 수송비용을 획기적으로 절감하고 화성을 식민지화하겠다는 목표를 갖고 있어요.

깊이 읽기 신문 기사 속에서 다음 질문의 답을 찾아보세요.

1. 다음 ☐ 안에 알맞은 말을 쓰세요.

① 스페이스X가 대형 우주선의 ☐☐ 번째 시험비행에 성공했어요.

② 발사체의 1단 부분인 수퍼헤비 ☐☐이 우주선에서 순조롭게 분리되어 착륙했어요.

2. 맞는 내용에는 O표, 틀린 내용에는 X표 하세요.

① '스페이스X'는 이번에 발사된 우주선의 이름이에요. (　)

② 수퍼헤비 로켓을 2개의 로봇 젓가락 팔이 잡아서 세웠어요. (　)

③ 스페이스X의 다섯 차례 스타십 시험비행은 모두 완벽하게 성공했어요. (　)

3. 지구로 돌아오는 로켓을 온전히 회수하는 기술은 어떤 가능성을 열어주었나요?

① 로켓 발사 성공　② 로켓 재활용　③ 달 착륙　④ 화성 개척

4. 스페이스X가 이번 5차 시험 비행에서 이룬 두 가지 목표는 무엇인가요? (답 2개)

① 젓가락 팔로 로켓 회수

② 스타십의 화성 탐사

③ 수퍼헤비 로켓의 순조로운 분리

④ 스타십이 지구 궤도 비행 후 무사히 돌아오는 것

5. ☐ 안에 알맞은 말을 넣어 기사 내용을 간추려 보세요.

> 우주기업 스페이스X가 대형 우주선 ☐☐☐의 시험비행에 성공했어요. 우주선을 발사시킨 로켓을 로봇 ☐☐☐ 팔로 손상 없이 회수하고 우주선도 지구 궤도를 비행한 뒤 무사히 돌아왔어요. 이번 성공으로 로켓을 재활용해 우주선 발사 ☐☐을 줄일 수 있는 가능성이 열렸으며, 일론 머스크는 인류가 다른 행성에서 살 수 있게 하기 위한 큰 발걸음을 이루었다고 평가했어요.

맹견 키우려면 허가 받으세요

2024년 10월

맹견사육허가제 [자료=농림축산식품부 인스타그램]

    맹견사육허가제의 시행이 1년 늦춰졌어요. 정부는 2025년 10월까지 계도 기간을 두기로 했어요.

    25일 농림축산식품부는 17개 광역 지방자치단체와 함께 맹견사육허가제에 대해 내년 10월 26일까지 계도기간을 운영하기로 했다고 밝혔어요. 원래는 올해 4월 27일부터 시행되어 맹견을 사육하는 사람은 그로부터 6개월 후인 10월 26일까지 사육 허가를 받아야 했어요. 그러나 농식품부는 '맹견 소유자의 부담감과 현장 여건을 고려해 1년간 계도기간을 운영하기로 했다'고 설명했어요.

    맹견사육허가제는 맹견을 기르고 있거나 기르려는 사람이 시도지사의 허가를 받도록 한 제도예요. 반려견을 기르는 사람이 많아지면서 개에 의한 사람의 상해·사망 사고가 늘어나면서 마련된 대책이에요. 소방청에 따르면 국내 개 물림 사고는 2017년에는 2,405건, 2020년에는 2,114건, 2023년에는 2,235건 등으로 해마다 2,200여 건 발생하고 있어요.

맹견사육허가제에서 규정한 맹견은 도사견, 핏불테리어, 스태퍼드셔 테리어, 스태퍼드셔 불테리어, 로트와일러 등 5종과 사고견이에요. 사고견은 사람이나 동물에 위해*를 가한 개와 공격성이 분쟁*의 대상이 된 개를 말해요. 이런 개를 키우려는 사람은 계도기간 안에 동물등록을 해야 하며 책임보험*에 가입하고 중성화수술을 한 뒤 시도지사에게 맹견 사육 허가 신청을 해야 해요. 그리고 해당 시도에서 기질* 평가를 받아 사람과 동물에게 위해를 가할 우려가 없다고 판단되면 사육 허가가 나요.

　　허가 없이 맹견을 기르는 사람에게는 1년 이하의 징역 또는 1천만 원 이하의 벌금이 부과돼요.

어휘풀이

- **계도** 깨우쳐 이끌어 줌
- **위해** 위험한 재해
- **책임보험** 법률상의 손해 배상 책임을 지게 된 경우 그것을 보상할 것을 목적으로 하는 보험
- **기질** 타고난 기품과 성질
- **상해** 남의 몸에 상처를 내어서 해를 입힘
- **분쟁** 서로 시끄럽게 다툼

생각해보기

· 이웃이 키우는 반려동물 때문에 불편이나 위험을 느낀 적이 있나요?

· 맹견사육허가제에 찬성(혹은 반대)하나요? 그 이유는 무엇인가요?

시사상식

개 물림 사고

개에게 물리면 상처가 생기는 것은 물론 광견병이나 파상풍, 다양한 세균 질환이 발생할 수 있으므로 바로 소독하고 항생제 연고를 바른 뒤 의료기관에서 검사를 받아야 해요. 심하게 물렸을 때는 곧바로 119에 신고하고 응급치료를 받은 후 병원으로 가야 하지요. 개 물림 사고를 예방하기 위해 개를 키우는 사람은 평소 반려견을 훈련시키고 외출할 때 목줄을(맹견의 경우 입마개도) 착용시켜야 해요. 다른 사람의 반려견에게 가까이 다가가거나 허락 없이 만지지 말아야 해요.

깊이읽기 신문 기사 속에서 다음 질문의 답을 찾아보세요.

1. 다음 ☐ 안에 알맞은 말을 쓰세요.

① 맹견사육허가제 시행이 2025년 ☐☐월로 늦춰졌어요.

② 농림축산식품부는 맹견사육허가제 ☐☐ 기간을 운영하기로 했어요.

2. 맞는 내용에는 ○표, 틀린 내용에는 X표 하세요.

① 맹견을 키우려는 사람은 농림축산식품부의 허가를 받아야 해요. (   )

② 개에 의한 사람의 상해·사망 사고가 해마다 2,200여 건 발생하고 있어요. (   )

③ 허가 없이 맹견을 사육하는 사람에게는 벌금만 부과돼요. (   )

3. 맹견사육허가제에서 규정한 맹견이 아닌 것은 어느 종인가요?

① 핏불테리어　　② 포메라니안

③ 스태퍼드셔 테리어　　④ 로트와일러

4. 맹견사육 허가를 받기 위해 해야 하는 일이 아닌 것은 무엇인가요?

① 기질 평가   ② 성대 수술

③ 중성화수술   ④ 책임보험 가입

5. ☐ 안에 알맞은 말을 넣어 기사 내용을 간추려 보세요.

☐☐사육허가제 시행이 2025년 10월로 1년 늦춰졌어요. 개에 의한 사람의 상해·사망 사고가 늘어나고 있기 때문에 생겨난 제도예요. 맹견을 기르고 있거나 기르려는 사람은 ☐☐☐☐의 허가를 받아야 해요. 허가 없이 맹견을 기르는 사람에게는 ☐☐ 또는 벌금이 부과돼요.

한강, 2024 노벨문학상 수상

2024년 10월

노벨상[사진=픽사베이]

2024년 노벨문학상 수상자로 우리나라의 작가 한강이 선정되었어요. 123년 노벨문학상 역사에서 아시아 여성 작가가 수상한 것은 이번이 처음이에요.

10월 10일 밤(우리나라 시간) 스웨덴 한림원 사무총장 마츠 말름은 "2024년 노벨문학상 수상자는 한국의 작가, 한강입니다"라고 발표했어요. 한강은 『채식주의자』, 『소년이 온다』, 『작별하지 않는다』 등을 쓴 소설가예요.

노벨문학상 수상자는 해마다 이맘때쯤 발표되기 때문에 전 세계 문학계에서는 누구에게 상이 돌아갈지 미리 유력 후보를 꼽아 봐요. 올해엔 호주의 제럴드 머네인, 일본의 다와다 요코, 중국의 찬쉐의 수상 가능성이 높다고 보았어요. 예상을 벗어난 한강의 수상에 국내외 관계자들 모두 놀라고 있어요.

한강 작가 자신도 노벨위원회와의 전화 인터뷰에서 "매우 놀랍고 영광스럽다"고 했어요. 다음날 저녁 출판사들을 통해 전한 수상 소감에서는 "수상자로 선정해 주신 것에 감사드린다. 하루 동안 거대한 파도처럼 따뜻한 축하의 마음들이 전해져 온 것도 저를 놀라게 했다"고 했어요.

한강은 노벨문학상 수상과 관련한 국내 기자회견은 하지 않기로 했어요. 러시아, 우크라이나 또 이스라엘, 팔레스타인 전쟁이 치열해서 날마다 주검이 실려 나가는데 잔치를 하고 싶지 않고, 조용히 글쓰기에만 집중하고 싶다는 이유였어요.

노벨위원회는 한강을 '현대 산문의 혁신가'라며 '그녀의 강렬한 시적 산문은 역사적 트라우마에 맞서고 인간 삶의 연약함을 드러낸다'고 선정 이유를 밝혔어요.

한강 작가의 수상으로 우리나라는 2000년 김대중 전 대통령의 노벨평화상에 이어 두 번째로 노벨상을 수상한 국가가 되었어요. 서점과 도서관에는 한강 작가의 소설을 찾는 사람들이 줄을 잇고 있어요.

어휘풀이
- **유력** 여러 가지 중 가능성이 가장 많음
- **기자회견** 어떤 사건이나 현상에 대하여 그 내용을 설명하거나 해명하려고 기자들을 불러 모아서 개최하는 담화나 모임
- **주검** 죽은 사람의 몸   · **산문** 운율이나 음절의 수 등에 얽매이지 않고 자유롭게 쓴 글. 소설, 수필, 기행문 등
- **혁신가** 묵은 풍속, 관습, 조직, 방법 따위를 완전히 바꾸어서 새롭게 하는 사람
- **트라우마** 재해를 당한 뒤에 생기는 비정상적인 심리적 반응

생각해보기

· 우리나라에서 노벨문학상 수상자가 나온 것에 대해 어떻게 생각하나요?

· 한강 작가가 노벨상 수상 관련 국내 기자회견을 하지 않은 이유에 대해 어떻게 생각하나요?

시사상식

노벨상

스웨덴의 화학자 알프레드 노벨(1833~1896)의 유언에 따라 인류의 복지에 공헌한 사람이나 단체에게 주는 상이에요. 노벨의 유산을 기금으로 하여 1901년에 제정되었어요. 해마다 문학, 화학, 물리학, 생리학 또는 의학, 평화, 경제학 6개 부문에 시상해요. 노벨의 사망일인 12월 10일에 스웨덴 스톡홀름(평화상은 노르웨이 오슬로)에서 시상식을 개최해요. 2000년 노벨평화상은 한국과 동아시아의 민주주의와 인권, 북한과의 화해와 평화를 위해 노력한 김대중 대통령이 한국인 최초로 수상했어요.

깊이 읽기 신문 기사 속에서 다음 질문의 답을 찾아보세요.

1. 다음 ☐ 안에 알맞은 말을 쓰세요.

① 2024년 ☐☐☐☐☐은 우리나라 작가 한강이 받게 되었어요.

② 노벨문학상을 아시아 ☐☐ 작가가 수상한 것은 처음이에요.

2. 맞는 내용에는 ○표, 틀린 내용에는 X표 하세요.

① 노벨문학상 수상자를 발표한 것은 스웨덴 사람이에요. (   )

② 한강 작가는 기자회견을 통해 감사 인사를 전했어요. (   )

③ 노벨위원회는 한강을 '현대 산문의 혁신가'라고 했어요. (   )

3. 다음 중 한강 작가의 소설은 어느 것인가요?

① 격정세계   ② 목욕탕   ③ 소년이 온다   ④ 평원

4. 올해 노벨문학상 유력 후보로 꼽힌 작가가 아닌 것은 누구인가요?

① 제럴드 머네인   ② 한강   ③ 다와다 요코   ④ 찬쉐

5. ☐ 안에 알맞은 말을 넣어 기사 내용을 간추려 보세요.

10월 10일, 2024년 노벨문학상 수상자가 발표되었어요. 『☐☐이 온다』, 『작별하지 않는다』 등을 쓴 우리나라 소설가 ☐☐이 올해 노벨문학상 수상자예요. 한강 작가의 수상으로 우리나라는 노벨상을 ☐ 번째 받은 국가가 되었고, 많은 사람이 한강 작가의 소설을 읽기 시작했어요.

종합 독해력 문제 11

1. 다음 문장에서 '공항에서 승객이 항공기에 탑승하기 위해 밟는 절차'를 뜻하는 낱말을 찾아 쓰세요.

> 이날 미국, 영국, 독일, 네덜란드, 호주 등 전 세계 여러 공항에서 항공권 발권 및 체크인 시스템이 중단됐어요.
>
> 정답: _____

2. 빈칸에 알맞은 낱말을 보기에서 찾아 쓰세요.

> **보기**
> 초연결   고질라   킥보드   노벨상

① 우리나라에서 처음으로 ☐☐☐을 받은 사람은 김대중 대통령이에요.
② ☐☐☐ 사회는 전 세계 사람들이 디지털 기술을 통해 연결되는 사회를 말해요.
③ 개인형 이동장치의 하나인 전동 ☐☐☐는 전동 스쿠터라고도 해요.

3. 다음 글 속에서 손상으로 인한 입원과 사망자가 늘어난 이유를 찾아보세요.

> 최근 1년간 의료기관에서 치료를 받은 손상 경험자는 288명, 입원 환자는 144만 명이었어요. 손상으로 인한 입원과 사망자 수가 지난해보다 늘었는데, 이는 코로나19 확산 이후 단계적 일상 회복 시기를 거치면서 외부 활동이 늘어났기 때문인 것으로 분석돼요.

① 의료기관 수가 증가해서　　② 코로나19의 확산 때문에
③ 외부 활동이 늘어났기 때문에　　④ 단계적 일상 회복 시기였기 때문에

4. 다음 중 사물과 이름이 잘못 짝지어진 것을 고르세요

> 스페이스X는 우주 발사시설 '스타베이스'에서 '스타십' 우주선을 발사했어요. 발사 후 약 3분쯤 수퍼헤비 로켓이 스타십에서 분리되어 발사 7분 후에는 지구로 돌아와 수직 착륙했어요. 이때 발사탑의 '젓가락 팔'이 수퍼헤비를 공중에서 잡았어요. 로봇으로 만들어진 이 2개의 젓가락 팔은 영화 속 괴물 고질라의 이름을 따 '메카질라'라고 불려요.

① 우주 발사시설-스타베이스　　② 로켓-스페이스X
③ 우주선-스타십　　④ 젓가락 팔-메카질라

5. 다음 글 속에 들어있는 내용이 아닌 것을 고르세요.

> 10월 10일 밤(우리나라 시간) 스웨덴 한림원 사무총장 마츠 말름은 "2024년 노벨문학상 수상자는 한국의 작가, 한강입니다"라고 발표했어요. 한강은 『채식주의자』, 『소년이 온다』, 『작별하지 않는다』 등을 쓴 소설가예요. 123년 노벨문학상 역사에서 아시아 여성 작가가 수상한 것은 처음이에요.

① 2024년 노벨문학상 수상자 이름　　② 노벨문학상 수상자를 발표한 사람
③ 한강 작가의 대표작 제목　　④ 노벨문학상 선정 이유

글쓰기 11 – 행사 소식을 알리는 기사문 쓰기

행사 소식을 알리는 기사문을 써 보세요.

✍ 개요 짜기

우리 가족이나 동네, 학교, 학원 등에서 열리는 행사 소식을 알리는 기사문을 써 보세요. 가족 모임, 생일 잔치, 벼룩시장 등의 행사 소식을 구체적으로 써 보세요.

기사문을 쓰기 전에 어떤 내용을 어떤 순서로 쓸지 아래 표 안에 간단히 적어 보세요.

제목			
전문	누가(주최하는 사람): 무엇을(소개할 행사): 어디서(행사가 열리는 곳): 언제(행사 날짜와 시간):		
본문	1문단	그 행사가 열리는 이유 (왜)	
	2문단	그 행사의 특징과 순서 (어떻게)	
	3문단	그 행사에 참여할 때 주의할 점 (어떻게)	

✍ 기사문 쓰기

위 개요표의 내용을 바탕으로 행사 소식을 알리는 기사문을 완성해 보세요.

제목	
전문	
본문	

Week12

- **56 과학** | 노벨상도 인정한 인공지능 연구 성과
- **57 사회** | 미국에서 바라본 한국의 반려견 사랑
- **58 사회** | 운전은 네가 해, 나는 영화 볼 테니
- **59 환경** | 물 부족으로 식량 위기가 올 수 있어요
- **60 과학** | 아이언맨 슈트 같은 웨어러블 로봇

노벨상도 인정한 인공지능 연구 성과

2024년 10월

노벨 화학상 수상자들 [사진=스웨덴 왕립과학원 홈페이지]

　스웨덴 왕립과학원 노벨위원회는 10월 9일(현지 시각) 올해 노벨 화학상 수상자를 발표했어요. 데이비드 베이커 미국 워싱턴대 교수, 데미스 허사비스 영국 구글 딥마인드 대표, 존 점퍼 딥마인드 수석연구원이 2024년 노벨 화학상을 공동 수상하게 되었어요. 이들은 모두 인공지능(AI)을 이용해 새로운 단백질을 만들어 내거나 단백질 구조를 예측하는 방법을 연구한 사람들이에요.

　노벨위원회는 "베이커 교수는 단백질 설계를 위한 컴퓨터 계산법을 개발한 공로가 인정됐고, 허사비스와 점퍼는 '알파폴드'라는 인공지능 단백질 구조 예측 프로그램을 개발한 공로가 인정됐다"고 했어요.

　단백질은 보통 20가지의 아미노산으로 구성되며 생명체를 이루는 기초가 돼요. 베이커 교수는 이 아미노산들을 이용해 기존에 존재하지 않았던 새로운 단백질을 설계하고 의약품, 백신 등 다양한 분야에 응용할 수 있는 새로운 단백질을 꾸준히 만들어냈어요.

　허사비스 대표와 점퍼 수석연구원이 이끄는 구글 딥마인드는 복잡한 단백질 구조를 예측할 수 있는 AI를 개발했어요. 딥마인드가 개발한 AI 모델 '알파폴드2'는 사슬처럼 연결된 아미노산의 3차원 구조를 예측할 수 있어요. 노벨위원회는 알파폴드2의 단백질 구조 분석을 통해 항생제˙ 내성˙을 이해하거나 플라스틱 분해 효소˙를 그려내는 등 다양한 과학적 응용이 이루어지고 있다고 설명했어요.

올해에는 노벨 물리학상에 이어 화학상도 인공지능 분야에서 수상자가 나왔어요. 그동안 노벨 과학상은 순수 자연과학을 연구하는 사람들에게 주로 돌아갔는데, 인공지능과 같은 응용과학 쪽으로 확대된 거예요.

어휘풀이

- **단백질** 여러 개의 아미노산으로 이루어진 고분자 화합물로 세포를 구성하고 생체 내 물질대사의 촉매 작용을 하여 생명현상을 유지하는 물질
- **공로** 어떤 목적을 이루는 데에 들인 노력이나 수고
- **아미노산** 한 분자 안에 염기성 아미노기와 산성의 카복시기를 가진 유기 화합물을 통틀어 이르는 말
- **항생제** 미생물이나 세균 따위의 발육과 번식을 억제하는 물질로 만든 약제
- **내성** 세균 따위의 생물체가 어떤 약물에 대하여 가지는 저항 현상
- **효소** 동식물 및 미생물의 생체 세포 내에서 생산되는 고분자 유기 화합물을 통틀어 이르는 말

생각해보기

- 단백질 연구가 노벨상을 수상할 만큼 중요한 이유는 무엇인가요?

- 순수 자연과학이 아닌 인공지능과 같은 응용과학 분야에서 노벨상이 나오는 것에 대해 어떻게 생각하나요?

시사상식

딥마인드(DeepMind)

구글 모기업 '알파벳'의 자회사예요. 데미스 허사비스가 2010년 영국에 설립한 이 회사는 머신러닝과 신경과학 등을 기반으로 한 인공지능을 개발하고 있어요. 인공지능 바둑 프로그램 알파고(AlphaGo)를 개발해 이세돌 9단을 이긴 일로 우리나라 사람들에게도 알려졌어요. 단백질 구조를 예측하는 인공지능 '알파폴드'를 공개했고, 핵융합 원자로의 플라즈마를 제어하는 알고리즘을 개발하고 있다고 해요.

깊이 읽기 신문 기사 속에서 다음 질문의 답을 찾아보세요.

1. 다음 ☐ 안에 알맞은 말을 쓰세요.

　① 노벨위원회는 10월 9일 올해 노벨 ☐☐상 수상자를 발표했어요.

　② 올해 노벨 물리학상도 ☐☐☐☐ 분야에서 수상자가 나왔어요.

2. 맞는 내용에는 O표, 틀린 내용에는 X표 하세요.

　① 베이커 교수는 단백질 설계를 위한 컴퓨터 계산법을 개발했어요. (　)

　② 단백질을 이용해 아미노산을 만들 수 있어요. (　)

　③ 알파폴드2는 단백질 구조를 분석하는 AI 모델이에요. (　)

3. 올해 노벨 화학상 수상자가 아닌 사람은 누구인가요?

　① 존 홉필드　　　　② 데이비드 베이커

　③ 데미스 허사비스　④ 존 점퍼

4. 다음 중 단백질 연구가 활용되는 분야가 아닌 것은 무엇인가요?

① 의약품　② 백신　③ 건축 설계　④ 플라스틱 분해 효소

5. ☐ 안에 알맞은 말을 넣어 기사 내용을 간추려 보세요.

> 올해 노벨 화학상은 데이비드 베이커, 데미스 허사비스, 존 점퍼가 ☐☐ 수상하게 되었어요. 이들은 인공지능(AI)을 이용해 새로운 ☐☐☐을 만들어 내거나 단백질 구조를 예측하는 방법을 연구한 사람들이에요. 이런 기술은 ☐☐☐, 백신 개발 등 다양한 분야에 응용할 수 있어요.

미국에서 바라본 한국의 반려견 사랑

2024년 10월

강아지 [사진=픽사베이]

　미국의 일간지 뉴욕타임스(NYT)가 출산율*은 낮아지고 1인 가구가 급증*하는 한국에서 반려견 열풍*이 부는 현상에 주목했어요.

　NYT는 10월 12일(현지 시각) '세계에서 가장 외로운 국가 중 하나가 반려견에게서 동료애*를 찾다'라는 제목의 기사를 올렸어요. 이 기사에서 NYT는 '많은 사람이 혼자 사는 한국에서 반려견은 사랑받는 가족 구성원이 됐다'고 했어요. 점점 더 많은 한국인이 결혼을 하지 않거나 자녀를 갖지 않는 쪽을 선택하고 있으며 전체 가구의 5분의 2 이상이 1인 가구인 데다 출산율은 세계 최저 수준이라고 밝혔어요.

　그러면서 '한국의 4가구 중 1가구는 반려동물을 기르고 있다. 이는 2010년 반려동물을 기르는 가구 비율이 17.4%였던 데 비해 크게 늘어난 것'이라고 했어요. 또 코로나19로 실내 활동이 늘어나면서 반려동물을 입양하는 사람들이 많아지기도 했다고 분석했어요.

　NYT는 반려견을 자식처럼 생각하고 키우는 가정이 늘면서 우리나라 도시의 풍경도

달라졌다고 소개했어요. 산부인과 진료소*는 점점 사라지는 대신 동물병원과 반려동물 용품점은 어디서나 쉽게 찾을 수 있다는 것이에요. 온라인 쇼핑몰에서는 아기들을 위한 유모차보다 개를 위한 '개모차' 판매량이 더 늘고 있다고 했어요.

또한 오랜 시간을 가족처럼 살다 세상을 떠난 반려견을 위한 장례* 관련 사업도 늘어났으며 반려견과 함께 하는 여행이나 반려견 출입이 가능한 식당을 찾는 것을 도와주는 온라인 서비스도 생겼다고 전했어요. NYT는 '한국은 얼마 전까지만 해도 식용 개를 사육하는 전통이 있었지만 이제 흐름이 바뀌고 있다'고 덧붙였어요.

어휘풀이
- **출산율** 아기를 낳는 비율
- **급증** 수량이 갑자기 늘어남
- **열풍** 매우 세차게 일어나는 기운이나 기세를 비유적으로 이르는 말
- **동료애** 동료에 대한 사랑
- **진료소** 병원보다 작은 규모의 의료기관
- **장례** 죽은 사람의 장사를 지내는 일

생각해보기

· 사람들이 반려견을 키우는 이유는 무엇일까요?

· 반려견을 가족처럼 여겨 유모차에 태우거나 세상을 떠난 반려견의 장례를 치르는 것에 대해 어떻게 생각하나요?

시사상식

뉴욕타임스(The New York Times)

미국을 대표하는 신문사 중 하나로 세계 여론에 큰 영향력을 끼치는 언론사예요. 세계 여러 나라의 언론도 뉴욕타임스의 기사나 칼럼을 많이 인용해요. 대중문화예술 평론에서도 큰 영향력을 미쳐서 뉴욕타임스에 서평이 실린 책은 세계적인 주목을 받고, 연극이나 뮤지컬 평론도 마찬가지예요. 또한 뛰어난 기자, 작가, 뮤지션 등에게 수여하는 퓰리처상을 가장 많이 받은 언론으로도 유명해요.

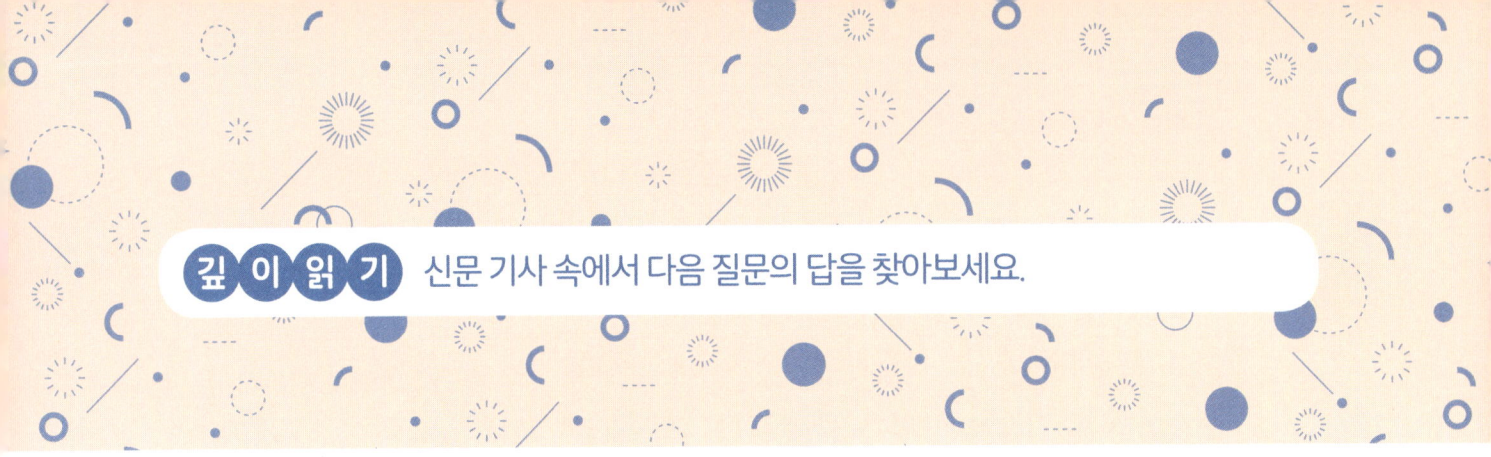

깊이 읽기 신문 기사 속에서 다음 질문의 답을 찾아보세요.

1. 다음 ☐ 안에 알맞은 말을 쓰세요.

   ① 뉴욕타임스가 한국에서 ☐☐☐ 열풍이 부는 현상에 주목했어요.

   ② 한국 전체 가구의 5분의 2 이상이 결혼하지 않고 혼자 사는 ☐☐ 가구예요.

2. 맞는 내용에는 O표, 틀린 내용에는 X표 하세요.

   ① 뉴욕타임스는 한국의 1인 가구 비율이 낮아지고 있다고 했어요. (   )

   ② 우리나라의 4가구 중 1가구는 반려동물을 기르고 있어요. (   )

   ③ 우리나라에서는 아직 반려견 장례 사업이 시작되지 않았어요. (   )

3. 많은 한국인이 반려견을 어떤 존재라고 생각하나요?

   ① 가족 구성원   ② 직장 동료   ③ 애완동물   ④ 재산

4. 다음 중 우리나라에서 늘어나고 있는 것이 아닌 것은 무엇인가요?

① 반려동물을 입양하는 사람 ② 산부인과 진료소

③ 반려동물 용품점 ④ 반려견 유모차('개모차')

5. ☐ 안에 알맞은 말을 넣어 기사 내용을 간추려 보세요.

미국의 일간지 ☐☐☐☐☐에 한국의 반려견 사랑에 대한 기사가 실렸어요. ☐☐☐은 낮아지고 1인 가구가 급증하면서 반려견을 입양하는 사람들이 많아진 거라고 해요. 가족처럼 사랑받는 반려견이 늘면서 ☐☐병원, 반려동물 용품점 등이 늘어나고 있어요.

운전은 네가 해, 나는 영화 볼 테니

2024년 10월

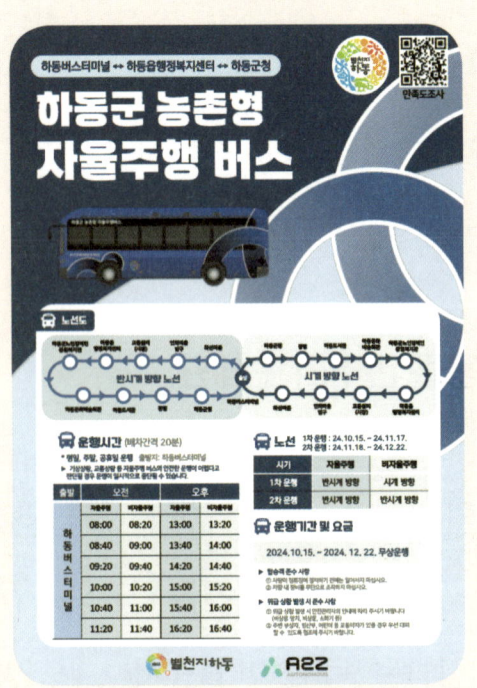

하동군 자율주행 버스 안내 [자료=하동군청 홈페이지]

중국의 한 남성이 자율주행 차량 안에서 영화를 보고 잠을 잔 영상이 공개돼 논란이 되고 있어요. 홍콩 사우스차이나모닝포스트가 13일(현지 시각) 중국 웨이보에 이 같은 내용의 영상이 올라왔다고 보도했어요. 영상에는 시속 110km가 넘는 속도로 고속도로를 달리는 자율주행 차량 안에서 운전자와 동승자가 좌석에 누워 담요를 덮은 채 영화를 보거나 잠을 자는 모습이 담겨 있어요.

이 영상은 중국 현지 소셜미디어에서 큰 화제가 되었어요. '당장 면허를 취소하고 운전대 못 잡게 하자', '도로 위의 시한폭탄이다'라며 그 위험성을 걱정하는 누리꾼들이 많았어요. 영상 속 운전자는 그 자동차의 첨단 주행 보조 시스템의 고속도로 내비게이션 기능을 활용해 주행한 것으로 보여요. 그 자동차를 만든 회사 지커(Zeekr)에서는 해당 시스템이 운전 피로도를 최소화하도록 설계된 것은 맞지만 안전 규정을 반드시 준수해야 한다고 강조했어요.

우리나라 자동차 회사에서도 '스마트 크루즈 컨트롤' 기능이 있는 자동차를 생산하고 있어요. 이 기능은 부분 자율주행 기능으로, 앞 차 또는 옆 차선 차량과의 거리를 측정해 속도를 조절하는 등 운전자의 보조 역할을 해요. 점점 많은 운전자가 이 기능을 사용하고 있어요.

또 경상남도 하동군에서는 '농촌형 자율주행 버스'를 도입해 15일부터 시범 운행을 시작했어요. 이 버스는 스스로 주변 환경을 인식해 주행 경로를 계획하고 운전자의 조작 없이 운행돼요. 하지만 2일과 7일 장날, 어르신 탑승객이 많아지는 상황을 고려해 소방 안전교육을 받은 서비스 매니저가 버스에 탑승해 만약의 상황에 대비하도록 했어요.

이처럼 자율주행은 운전자의 피로를 줄이고 인구가 적은 농촌 지역 대중교통 운영에도 도움이 될 것으로 기대돼요. 그러나 아직은 예측 불가능한 도로 상황이나 주변 차량 운전자들의 예측 불가능한 행동에는 즉각 대응하기 어렵기 때문에 운전자의 주의가 필요해요.

어휘풀이
- **웨이보** 중국의 대표적인 소셜 네트워크 서비스
- **시한폭탄** 일정한 시간이 지난 뒤에 폭발하도록 만든 폭탄
- **경로** 지나는 길
- **동승자** 차나 비행기, 배 따위를 같이 탄 사람
- **규정** 규칙으로 정함
- **탑승객** 배나 비행기, 기차 따위에 탄 손님

생각해보기

· 자율주행 자동차 안에서 영화를 보거나 잠을 자는 것에 대해 어떻게 생각하나요?

· 자율주행 자동차 도입에 찬성(혹은 반대)하나요? 그 이유는 무엇인가요?

시사상식

자율주행

교통수단이 사람의 조작 없이 스스로 판단하고 운행하는 시스템을 말해요. 교통수단 안에 운행하는 사람이 없이 외부의 서버의 명령에 따라 주행하는 무인 운전 방식은 철도 차량에 많이 쓰여요. 또 교통수단 내부에 탑재된 인공지능 컴퓨터가 스스로 판단하여 주행하는 방식은 자동차에 많이 쓰이지요. 철도, 항공기, 자동차뿐 아니라 로봇 분야에서도 자율주행 기능이 쓰여요.

깊이읽기 신문 기사 속에서 다음 질문의 답을 찾아보세요.

1. 다음 ☐ 안에 알맞은 말을 쓰세요.

   ① ☐☐의 한 남성이 자율주행 차량 안에서 영화를 보고 잠을 잔 영상이 공개됐어요.

   ② 그 자동차를 만든 회사에서는 ☐☐ 규정을 반드시 준수해야 한다고 강조했어요.

2. 맞는 내용에는 O표, 틀린 내용에는 X표 하세요.

   ① 운전자가 잠을 잔 자율주행 차량은 교통사고를 냈어요. (   )

   ② 우리나라에는 아직 자율주행 기능이 있는 자동차가 없어요. (   )

   ③ 자율주행 기능을 사용할 때도 운전자의 주의가 필요해요. (   )

3. 자율주행 차량에서 잠을 잔 중국 운전자에 대한 반응이 아닌 것은 무엇인가요?

   ① 당장 면허를 취소해라.   ② 멋져 보여 부럽다.

   ③ 운전대 못 잡게 하자.   ④ 도로 위의 시한폭탄이다.

4. 농촌형 자율주행 버스를 도입한 지자체는 어디인가요?

　　① 경상남도 하동군　　② 경상북도 안동시

　　③ 충청북도 영동군　　④ 전라남도 강진군

5. ☐ 안에 알맞은 말을 넣어 기사 내용을 간추려 보세요.

중국의 한 남성이 ☐☐☐☐ 차량으로 고속도로 위를 달리면서 잠을 자는 영상이 공개되었어요. 우리나라에도 자율주행 기능이 있는 차량이 많아지고, ☐☐형 자율주행 버스가 도입된 곳도 있어요. 그러나 아직은 완전한 자율주행이 어렵기 때문에 안전을 위해 운전자의 ☐☐가 필요해요.

환경

물 부족으로 식량 위기가 올 수 있어요

2024년 10월

가뭄 [사진=픽사베이]

    기후 변화에 따른 물 부족으로 전 세계가 식량 위기에 처할 수 있다는 분석이 나왔어요. 세계물경제위원회(GCEW)가 '물의 경제학:글로벌 공공재'로서 물 순환 평가' 보고서에서 이같이 경고했어요.

    GCEW는 17일(현지 시각) 발간한 이 보고서에서 2030년에 이르면 전 세계적으로 물 공급이 수요를 따라가지 못해 물 수급난'이 발생하고, 2050년쯤에는 전 세계 식량 재배 면적의 절반이 강수량이나 물 공급이 불안정한 지대가 될 것이라고 분석했어요.

    GCEW는 이처럼 물이 부족해지고 있는 것은 지구의 물 순환 체계가 위기에 처했기 때문이라고 했어요. 물 순환 체계란 땅과 식물, 강이나 호수, 바다 등에서 증발한 수분이 대기에 머물다가 눈과 비로 내려 다시 땅과 바다 등으로 돌아가는 과정을 말해요.

    그런데 오랜 기간에 걸쳐 숲의 나무들을 베어내는 등 '파괴적인 토지 이용'으로 그 균형 상태가 무너졌어요. 게다가 기후 변화로 기온이 올라 대기 중에 수분이 증가했는데, 그로 인해 강수' 패턴도 변화해 더 이상 '자연적인 담수' 공급'을 기대하기 힘들 지경이라고 해요.

'물 위기 지역'으로 분류되는 지역에서 현재 전 세계 식량의 절반가량이 생산되고 있어요. 세계 80억 인구의 대부분이 주식으로 삼는 옥수수, 쌀, 밀이 '물 스트레스'가 심한 지역에서 재배된다는 것이에요. 농업용수* 공급이 불안해지면 식품 가격이 올라요. 브라질에 심각한 가뭄이 발생했을 때 세계 설탕, 커피 가격이 올랐어요. 브라질은 설탕의 최대 생산국이면서 세계 커피의 3분의 1을 생산하는 나라이기 때문이에요.

GCEW 공동의장을 맡고 있는 타르만 샨무가라트남 싱가포르 대통령은 너무 늦기 전에 각국이 수자원* 관리 협력을 시작해야 한다고 강조했어요.

어휘풀이
- **공공재** 시장 기구를 통하지 않고 공공 부문으로부터 공급되어 모든 사람이 공동으로 누리는 재화
- **수급난** 수요와 공급이 잘 맞지 않아서 생기는 어려움
- **강수** 비, 눈, 우박, 안개 따위로 지상에 내린 물
- **담수** 강이나 호수의 물처럼 소금기가 없는 물
- **농업용수** 농사에 필요하여 논밭에 대는 데 드는 물
- **수자원** 농업, 공업, 발전 따위의 자원이 되는 물

생각해보기

· 지구의 물 순환 체계란 무엇인지 설명해 보세요.

· 세계 식량의 많은 부분을 생산하고 있는 지역의 물 부족 문제를 해결하려면 어떻게 해야 할까요?

시사상식

물 부족

오염되지 않은 마실 수 있는 물이 그 지역의 수요에 못 미치는 상황을 말해요. 물 부족은 지구상의 모든 대륙에 영향이 미쳐요. 전 세계 5억 명의 사람들은 1년 내내 심각한 물 부족 현상을 경험해요. 르완다, 말라위, 몰타 같은 나라들은 물 기근 국가, 남아프리카 공화국, 리비아, 모로코 등은 물 스트레스 국가로 분류되고 있어요. 반대로 수자원 양이 풍부한 물 풍요 국가에는 미국, 중국, 영국, 일본 등이 있어요.

깊이읽기 신문 기사 속에서 다음 질문의 답을 찾아보세요.

1. 다음 ☐ 안에 알맞은 말을 쓰세요.

① ☐☐ 변화에 따른 물 부족으로 전 세계가 식량 위기에 처할 수 있다고 해요.

② GCEW 공동의장은 너무 늦기 전에 각국이 수자원 관리 ☐☐을 해야 한다고 했어요.

2. 맞는 내용에는 O표, 틀린 내용에는 X표 하세요.

① 현재 전 세계는 기후 위기와 함께 식량 위기를 맞고 있어요. (   )

② 숲의 나무를 베어내는 것도 물 부족과 관련이 있어요. (   )

③ 농업용수 공급이 불안해지면 식품 가격이 올라요. (   )

3. 물의 순환 체계에서 수분이 증발하는 곳이 아닌 것은 무엇인가요?

① 땅　　② 강　　③ 바다　　④ 동물

4. 세계 인구의 대부분이 주식으로 삼는 식량이 아닌 것은 무엇인가요?

① 포도　　② 옥수수　　③ 쌀　　④ 밀

5. ☐ 안에 알맞은 말을 넣어 기사 내용을 간추려 보세요.

세계 ☐☐☐위원회는 지난 17일 발표한 보고서에서 전 세계가 ☐☐ 위기에 처할 수 있다고 분석했어요. 이것은 기후 변화에 따른 물 부족으로 세계 인구 대부분이 주식으로 삼는 식량을 재배하는 지역이 2050년쯤에는 ☐☐☐이나 물 공급이 불안정한 지대가 될 것으로 보이기 때문이에요.

아이언맨 슈트 같은 웨어러블 로봇

2024년 10월

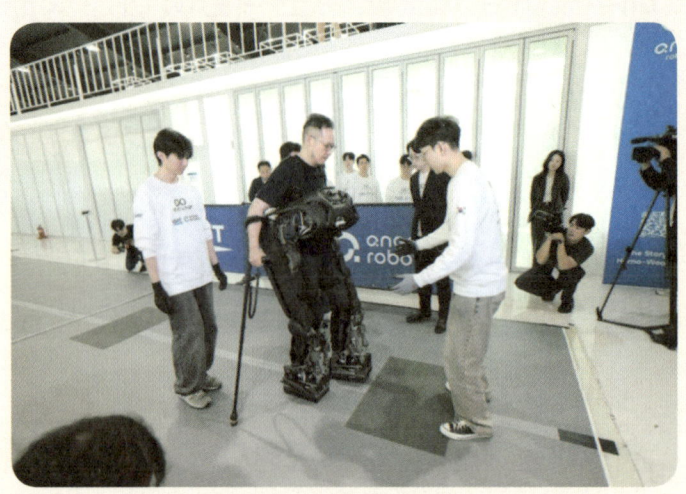

워크온슈트 시연 모습 [사진=카이스트 홈페이지]

　국내 연구진이 휠체어에서 내릴 필요 없이 착용할 수 있는 '입는(웨어러블) 로봇'을 개발했어요. 마치 영화 '아이언맨'의 슈트˙처럼 사람에게 다가와 로봇을 입혀주는 기술이에요.

　카이스트(KAIST, 한국과학기술원) 연구진은 24일 새로운 유형˙의 입는 로봇 '워크온슈트 F1(WalkOn Suit F1)'을 공개하고 시연˙ 행사를 열었어요. 이 로봇은 하반신˙이 완전히 마비된 장애인을 위해 개발되었어요.

　연구진은 2015년부터 이 로봇을 연구해 왔어요. 2016년 첫 시제품˙을 발표한 뒤 2020년 워크온슈트 4번째 시제품에서는 보행 속도를 시속 3.2km까지 올리고 좁은 통로, 문, 계단 등의 장애물을 통과하는 등 성능을 크게 개선했어요.

　게다가 이번 발표에서는 환자가 휠체어에 앉은 상태에서 곧바로 착용할 수 있도록 하는 데 성공했어요. 로봇이 착용자에게 걸어와 '도킹˙ 메커니즘'으로 착용자와 연결되어 착용자를 일으키고 걸을 수 있어요. 다른 사람의 도움이 필요 없고, 실수로 착용자가 로봇을 밀었을 때에도 로봇 스스로 균형을 잡고 버틸 수 있어요.

또 로봇을 착용하고 두 발로 선 상태에서 두 손을 자유롭게 사용할 수 있도록 했고, 로봇 핵심부품인 모터, 감속기, 모터드라이버, 메인 회로 등을 모두 국산화했다고 해요.

새로 개발된 워크온슈트 F1은 제3회 사이배슬론(Cybathlon) 대회에도 출전했어요. 10월 27일 스위스에서 열린 이 대회는 로봇 기술로 장애를 극복하자는 취지에서 열리는 사이보그 올림픽이에요. 카이스트 연구진은 지난 2020년 제2회 대회에 이어 이번 대회에서도 웨어러블 로봇 부문 1위를 차지했어요. 웨어러블 로봇 부문은 선수가 로봇을 착용하고 직접 보행해야 해 '아이언맨 대회'라고도 불려요.

어휘풀이

- **슈트** 위아래 옷을 같은 천으로 만든 한 벌의 양복. 잠수복처럼 특수 목적으로 입는 전신 복장을 가리키기도 함
- **유형** 공통되는 성질이나 특징을 가진 것들을 묶은 하나의 틀
- **시연** 연극이나 무용, 음악 등을 대중에게 공개하기에 앞서 시험적으로 상연함
- **하반신** 사람의 몸에서 허리 아랫부분의 몸뚱이
- **시제품** 시험적으로 만든 제품
- **도킹** 우주선이나 인공위성이 우주 공간에서 접근하여 결합하는 일

생각해보기

- 웨어러블 로봇이 무엇인지 설명해 보세요.

- 웨어러블 로봇은 또 어떤 사람들에게 필요할까요?

시사상식

웨어러블 로봇(wearable robot)

의료공학 분야 중 하나로 옷처럼 입을 수 있는 로봇 기술을 말해요. 인간의 팔이나 다리의 움직임을 감지하여 구동기가 장착된 로봇 팔이나 다리를 움직여서 인간의 움직임을 보조하고 근력을 키워주는 로봇이에요. 장애인과 노약자의 신체를 보조하는 장치로도 쓰이고 산업 현장에서 근로자의 몸을 안전하게 보호하는 목적으로도 활용되고 있어요.

깊이 읽기 신문 기사 속에서 다음 질문의 답을 찾아보세요.

1. 다음 ☐ 안에 알맞은 말을 쓰세요.

　① 카이스트 연구진은 새로운 유형의 ☐☐ 로봇 '워크온슈트 F1'을 개발했어요.

　② 이 로봇은 ☐☐☐이 완전히 마비된 장애인을 위해 개발되었어요.

2. 맞는 내용에는 ○표, 틀린 내용에는 ✗표 하세요.

　① 카이스트 연구진은 2015년부터 웨어러블 로봇을 연구했어요. (　)

　② 로봇이 걸어와 착용자에게 입혀져 그를 일으키고 걷게 할 수 있어요. (　)

　③ 이 로봇을 착용해도 목발을 짚어야 해서 두 손이 자유롭지 않아요. (　)

3. 워크온슈트 4번째 시제품에서 개선된 기능이 아닌 것은 무엇인가요?

　① 환자가 앉은 상태에서 곧바로 착용

　② 보행 속도를 시속 3.2km까지 올림

　③ 좁은 통로를 통과하는 기능

　④ 문, 계단을 통과하는 기능

4. 사이배슬론 대회에 대한 설명으로 옳은 것은 무엇인가요?

　① 해마다 열리는 행사예요.

　② 올해 제2회 대회가 열렸어요.

　③ 웨어러블 로봇 부문은 아이언맨 대회라고 불러요.

　④ 장애인들은 참가할 수 없어요.

5. ☐ 안에 알맞은 말을 넣어 기사 내용을 간추려 보세요.

우리나라 ☐☐☐☐ 연구진이 새로운 유형의 입는 로봇을 공개하고 시연 행사를 열었어요. '워크온슈트 F1'이라는 이 로봇은 하반신이 완전히 마비된 ☐☐☐을 위해 개발되었어요. 휠체어에 앉은 환자가 스스로 입고 걸을 수 있도록 돕는 이 로봇은 ☐☐☐☐☐ 대회에서 1위를 차지하기도 했어요.

종합 독해력 문제 12

1. 다음 중 단어를 잘못 사용해 뜻이 어색해진 문장을 고르세요.

① 베이커 교수는 단백질 설계를 위한 컴퓨터 계산법을 개발한 과로를 인정받았어요.
② 함께 살다 세상을 떠난 반려견을 위한 장례 관련 사업도 늘어나고 있어요.
③ 자율주행 버스는 스스로 주변 환경을 인식해 주행 경로를 계획해 운행돼요.
④ 카이스트 연구진은 새로운 유형의 입는 로봇을 공개하고 시연 행사를 열었어요.

2. 다음 글 속에서 '응용과학'과 맞서는(반대되는) 의미로 쓰인 낱말은 무엇인가요?

> 올해에는 노벨 물리학상에 이어 화학상도 인공지능 분야에서 수상자가 나왔어요. 그동안 노벨 과학상은 순수 자연과학을 연구하는 사람들에게 주로 돌아갔는데, 인공지능과 같은 응용과학 쪽으로 확대된 거예요.

① 물리학　② 화학　③ 자연과학　④ 인공지능

3. 뉴욕타임스(NYT)가 한국이 반려견 열풍의 원인으로 지적한 것이 아닌 것을 고르세요.

> NYT는 '많은 사람이 혼자 사는 한국에서 반려견은 사랑받는 가족 구성원이 됐다'고 했어요. 점점 더 많은 한국인이 결혼을 하지 않거나 자녀를 갖지 않는 쪽을 선택하고 있으며 전체 가구의 5분의 2 이상이 1인 가구인 데다 출산율은 세계 최저 수준이라고 밝혔어요. 또 코로나19로 실내 활동이 늘어나면서 반려동물을 입양하는 사람들이 많아지기도 했다고 분석했어요.

① 결혼을 하지 않는 사람이 많아져서
② 자녀를 갖지 않는 사람이 늘어나서
③ 자녀와 함께 반려동물을 키우는 사람이 많아져서
④ 코로나19로 실내 활동이 늘어나서

4. 다음 글이 설명하는 것이 무엇인지 쓰세요.

> · 교통수단이 사람의 조작 없이 스스로 판단하고 운행하는 시스템
> · 외부 서버의 명령으로 주행하는 방식은 철도 차량에 많이 쓰임
> · 인공지능 컴퓨터가 스스로 판단하여 주행하는 방식은 자동차에 많이 쓰임
>
> 정답: ☐☐☐☐

5. 다음 글이 설명하는 말을 글 속에서 찾아 쓰세요.

> 이처럼 물이 부족해지고 있는 것은 지구의 물 순환 체계가 위기에 처했기 때문이라고 했어요. 물 순환 체계란 땅과 식물, 강이나 호수, 바다 등에서 증발한 수분이 대기에 머물다가 눈과 비로 내려 다시 땅과 바다 등으로 돌아가는 과정을 말해요. 그런데 오랜 기간에 걸쳐 숲의 나무들을 베어내는 등 '파괴적인 토지 이용'으로 그 균형 상태가 무너졌어요.
>
> 정답: ☐☐☐☐☐

글쓰기 12 – 기사문 읽고 기사문 쓰기

신문 기사를 읽고 그 내용을 전달하는 기사문을 써 보세요.

✏️ 개요 짜기

신문에서 관심 있는 기사를 찾아 읽은 뒤 그 내용을 전달하는 기사를 써 보세요. 가족이나 친구에게 기사 내용을 알려준다고 생각하여 이해하기 쉽게 풀어써 보세요. 기사 내용을 똑같이 베껴 쓰지 않도록 유의하고, 기사 내용을 그대로 인용할 때는 출처를 반드시 밝히세요.

기사문을 쓰기 전에 어떤 내용을 어떤 순서로 쓸지 아래 표 안에 간단히 적어 보세요.

제목		
전문	누가: 어디서:	언제: 무엇을:
본문	1문단	어떻게/왜
	2문단	어떻게/왜
	3문단	어떻게/왜

✍ 기사문 쓰기

위 개요표의 내용을 바탕으로 기사 내용을 전달하는 기사문을 완성해 보세요.

제목	
전문	
본문	

글쓰기 12

정답

31. 관광세를 내라고요?

정답
1. ①관광세 ②부탄   2. ①× ②× ③○   3. ④   4. ②   5. 과잉관광, 프랑스, 일본

32. 역사상 가장 더운 여름

정답
1. ①더운 ②기후   2. ①○ ②× ③○   3. ①   4. ③   5. 관측, 폭염, 온실가스, 취약층

33. 가장 싸고 질 좋은 듀프 제품을 찾는 Z세대

정답
1. ①Z ②상표권   2. ①○ ②○ ③×   3. ①   4. ②   5. 명품, 가격, 소셜미디어

34. 뇌와 컴퓨터를 연결하는 칩

정답
1. ①뇌 ②척추   2. ①× ②× ③○   3. ②   4. ③   5. 척추, 컴퓨터, 근육

35. 짜릿한 반전 드라마를 쓴 대한민국 선수단

정답
1. ①하계 ②8   2. ①○ ②× ③×   3. ③   4. ③   5. 파리, 최약체, 32

종합 독해력 문제 7

정답
1. ①과잉관광, ②듀프 제품, ③스타트업   2. 올림픽   3. ②   4. ③   5. ③

36. 영국의 마지막 석탄화력 발전소 가동 중단

정답

1. ①가동 ②스모그 2. ①× ②○ ③○ 3. ④ 4. ③ 5. 석탄, G7, 탄소

37. 뇌에 가장 많이 쌓이는 미세 플라스틱

정답

1. ①뇌 ②지방 2. ①○ ②× ③× 3. ③ 4. ④ 5. 플라스틱, 간, 60

38. 일본 야구장에 울려 퍼진 한국어 교가

정답

1. ①한국 ②한국어 2. ①○ ②× ③○ 3. ③ 4. ④ 5. 교토국제고, 재일교포, 교가

39. 지하주차장에서 전기자동차 화재

정답

1. ①화재 ②배터리팩 2. ①○ ②× ③○ 3. ③ 4. ② 5. 주차장, 전기자동차, 호감도

40. 결혼 후에도 원래 내 성을 쓰고 싶어요

정답

1. ①동성 ②95 2. ①× ②○ ③○ 3. ② 4. ③ 5. 결혼, 자유, 폐지

종합 독해력 문제 8

정답

1. ③ 2. ① 3. ④ 4. ② 5. ②

41. 삐삐와 무전기가 무기로 사용되다니

정답
1. ①레바논 ②무전기   2. ①× ②○ ③○   3. ②   4. ④   5. 폭발, 헤즈볼라, 유엔

42. 9월 7일은 곤충의 날

정답
1. ①곤충 ②표본   2. ①× ②○ ③×   3. ③   4. ②   5. 기념식, 석주명, 규슈대

43. 명절이면 더 심해지는 층간소음

정답
1. ①환경부 ②연휴   2. ①○ ②× ③○   3. ③   4. ①   5. 추석, 층간, 뮤지션

44. 4500만원 줄 테니 당신의 나라로 돌아가세요

정답
1. ①이민자 ②정책   2. ①× ②○ ③○   3. ②   4. ①   5. 스웨덴, 지원금, 유럽

45. 촉법소년에게 강력한 처벌을?

정답
1. ①강화 ②범법   2. ①× ②× ③○   3. ④   4. ②   5. 촉법소년, 14, 교화

종합 독해력 문제 9

정답
1. ①무장, ②소장, ③책정   2. ④   3. ④-②-③-①   4. ①   5. ③

46. 괜찮아?! 한글

정답
1. ①한글 ②받아쓰기 2. ①× ②○ ③○ 3. ① 4. ③ 5. 문화체육관광부, 광화문, 한글

47. 고흐가 그린 물리 법칙

정답
1. ①물리 ②난류 2. ①× ②○ ③○ 3. ② 4. ③ 5. 고흐, 소용돌이, 자연

48. 화려한 불꽃축제, 동물들도 좋아할까요?

정답
1. ①불꽃 ②환경 2. ①× ②× ③○ 3. ④ 4. ① 5. 10, 빛, 반려

49. 그라모폰 2관왕에 오른 피아니스트 임윤찬

정답
1. ①그라모폰 ②쇼팽 2. ①× ②○ ③× 3. ① 4. ③ 5. 피아니스트, 피아노, 정경화

50. 멕시코 최초의 여자 대통령 취임

정답
1. ①여성 ②우월주의 2. ①× ②○ ③○ 3. ③ 4. ② 5. 멕시코, 정책, 여성

종합 독해력 문제10

정답
1. ③ 2. ①ㄴ, ②ㄱ, ③ㄹ, ④ㄷ 3. ④ 4. 초절기교 연습곡 5. 멕시코

51. 초연결 사회의 함정

정답
1. ①마비 ②이륙   2. ①○ ②× ③○   3. ④   4. ④   5. 시스템, 클라우드, 초연결

52. 전동 킥보드 탈 때 헬멧 꼭 쓰세요

정답
1. ①헬멧 ②질병관리청   2. ①× ②○ ③○   3. ①   4. ②   5. 손상, 개인형, 킥보드

53. 로켓을 잡아 세운 젓가락 팔

정답
1. ①다섯 ②로켓   2. ①× ②○ ③×   3. ②   4. ①,④   5. 스타십, 젓가락, 비용

54. 맹견 키우려면 허가 받으세요

정답
1. ①10 ②계도   2. ①× ②○ ③×   3. ②   4. ②   5. 맹견, 시도지사, 징역

55. 한강, 2024 노벨문학상 수상

정답
1. ①노벨문학상 ②여성   2. ①○ ②× ③○   3. ③   4. ②   5. 소년, 한강, 두

종합 독해력 문제11

정답
1. 체크인   2. ①노벨상, ②초연결, ③킥보드   3. ③   4. ②   5. ④

56. 노벨상도 인정한 인공지능 연구 성과

정답
1. ①화학 ②인공지능   2. ①○ ②× ③○   3. ①   4. ③   5. 공동, 단백질, 의약품

57. 미국에서 바라본 한국의 반려견 사랑

정답
1. ①반려견 ②1인   2. ①× ②○ ③×   3. ①   4. ②   5. 뉴욕타임스, 출산율, 동물

58. 운전은 네가 해, 나는 영화 볼 테니

정답
1. ①중국 ②안전   2. ①× ②× ③○   3. ②   4. ①   5. 자율주행, 농촌, 주의

59. 물 부족으로 식량 위기가 올 수 있어요

정답
1. ①기후 ②협력   2. ①× ②○ ③○   3. ④   4. ①   5. 물경제, 식량, 강수량

60. 아이언맨 슈트 같은 웨어러블 로봇

정답
1. ①입는 ②하반신   2. ①○ ②○ ③×   3. ①   4. ③   5. 카이스트, 장애인, 사이배슬론

종합 독해력 문제12

정답
1. ①   2. ③   3. ③   4. 자율주행   5. 물 순환 체계

공부의 힘을 길러주는
초등 신문 독해 2
ⓒ 정형권·김정원, 2025

초판 1쇄 인쇄 2025년 3월 17일
초판 1쇄 발행 2025년 3월 27일

지은이   정형권·김정원

펴낸이   이성림
펴낸곳   성림북스

책임편집 홍지은
디자인   북디자인 경놈

출판등록 2014년 9월 3일 제25100-2014-000054호
주소   서울시 은평구 연서로3길 12-8, 502
대표전화 02-356-5762 **팩스** 02-356-5769
이메일   sunglimonebooks@naver.com

ISBN   979-11-93357-45-3 (74070)
             979-11-93357-43-9 (세트)

* 책값은 뒤표지에 있습니다.
* 이 책의 판권은 성림원북스에 있습니다.
* 이 책의 내용 전부 또는 일부를 재사용하려면 성림원북스의 서면 동의를 받아야 합니다.